¡Sssssshhhhhhhhhh!

Haz del teatro algo íntimo

Llévalo siempre en el bolsillo

Cubierta y diseño editorial: Éride, Diseño Gráfico
Dirección editorial: ángel jiménez

Primera edición: enero, 2025

Donde macen las palabras
© Ángel Caballero
© Del prólogo: Jaime Palacios
© VdB, 2025
Espronceda, 5
28003 Madrid

VdB®

ISBN: 978-84-19850-95-9
Depósito Legal: M-1883-2025
Diseño y preimpresión: Éride, Diseño Gráfico

Este libro protege el entorno

donde nacen las palabras

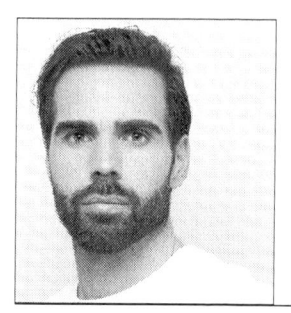

Ángel Caballero
(Málaga, 1986)

Dramaturgo, actor, productor y director teatral. Después de quince años dedicado íntegramente a su carrera como actor, compagina este oficio con la dirección, la dramaturgia y la producción teatral. Su ópera prima *Donde mueren las palabras*, estrenada en el Teatro Lara de Madrid y en varios países, y publicada en 2019, fue finalista al Premio Nacional de Literatura Dramática. En 2021 publicó *El último baile de Miss U.*, estrenada en el Teatro Pavón de Madrid, una obra inspirada en la vida de la actriz y Miss Universo Amparo Muñoz, que fue representada en el marco del XII Congreso Internacional para la investigación de la violencia contra la mujer, organizado por la Junta de Andalucía en Sevilla.

En 2024, dentro del marco del 41 Festival de Teatro de Málaga, publicó y estrenó, colgando el cartel de «No hay localidades», *Chelsea Hotel*, una pieza teatral inspirada en el célebre encuentro que tuvieron Leonard Cohen y Janis Joplin en el mítico hotel de Nueva York a finales de los años sesenta.

Como actor ha intervenido en series de TV como *El Marqués*, *Desaparecidos*, *Brigada Costa del Sol*, *Carmina*, *La historia de Carmen Ordóñez*, *Perdóname Señor*, *Los misterios de Laura* o la coproducción andaluza/mexicana *Entre Olivos*.

Sobre las tablas, como actor, en *La vida que se merecen*, *Todo sobre Vázquez*, *La katarsis del tomatazo* o *Volveremos a hablar de esta noche*, entre otras.

ÁNGEL CABALLERO

donde nacen las palabras

Esta obra se estrenó en el Teatro Cervantes de Málaga,
el 25 de enero de 2025, interpretada por Guillermo Uría (JOSE),
Alejandro Vergara (JUAN), Ángel Caballero (ÁNGEL)
y David Matarín (ANDRÉS).

Dirección: Ángel Caballero.

A mi madre y a Jaime,
por ser mi eje, mi motor y mi rumbo.

A Jose, a Andrés y a Juan (y a sus hijos),
por lo que fuimos, por lo que somos...
por los días que vendrán.

A Carmen y Ángel,
por la confianza, por el cariño,
por el descubrimiento.

Prólogo

«El caso es que está bien…», le dije, cuando me pidió que leyera el primer borrador de su obra para darle mi opinión —insensatez de la que también traté, inútilmente, de disuadirle. «¿Y si no es buena?». «¿La obra?». «No, la opinión…»—. Y Ángel, que me conoce bien, supo, al instante, que se avecinaba un «pero», probablemente doloroso. «Pero… Yo esto ya lo he visto». Todo tenía ecos reconocibles de otras voces, otras ficciones… «Pero es que ya está todo escrito y contado. Lo que importa no es el «qué», es el «cómo», argumentó…». Y yo no podía estar más de acuerdo. Hemos llegado tarde al quimérico sueño autoral de ser originales, como exploradores sin un centímetro virgen de tierra por descubrir, que no haya profanado, mapeado y fotografiado ya un satélite para verterlo en Internet. «Pero aún puedes ofrecer algo único: tú. Tu mirada. Y, con ella, tu propia voz…». Asintió, convencido, prometiendo traerme una nueva versión —y yo suspiré, convencido, a mi vez, de haberme librado de un problema para siempre—.

Por suerte, y para mi sorpresa —¿de verdad te conozco tan poco, a estas alturas?—, regresó meses después con una nueva —en el sentido más amplio, más auténtico y pleno, de la palabra— versión. Y de nuevo volví a sentir algo familiar, doloroso y cálido. Solo que esta vez no me remitía a obras o películas vistas, a novelas leídas, a ese bagaje de ficción ajena que, inevitablemente, forma parte de todos nosotros, sino… a mis propios recuerdos, emociones semi olvidadas, heridas cicatrizadas que, sin embargo, aún son capaces de doler… Las vivencias de sus personajes, las cosas que dicen o callan, no son las de Ángel. Ni, mucho menos, las mías. Ni siquiera se parecen… y, sin embargo, son reconocibles como propias. Tienen el tacto, la textura intangible, pero inconfundible, de las emociones, desengaños, anhelos y sueños reales. La cruel calidez, la dulzura implacable de la memoria. Y de eso que llamamos la vida real. Aunque parezca ficción. Porque lo es…

Tras leerla, tuve el impulso irresistible de llamar a esos amigos a los que llevo tiempo sin ver, por decisión propia —que es como llamamos, para poder soportarlo, a las putadas inevitables que la vida nos reparte a su antojo, por echarse unas risas…—. No lo hice. Pero me sentí afortunado por estar aún a tiempo de hacerlo… Y supe que la obra de Ángel había removido algo. Algo real. Y que había compartido conmigo, con quien quiera escucharle, un pedacito de su —hermosa— alma.

«Es buena, cabrón», le dije.

Porque así es como los chicos duros escondemos las lágrimas…

Jaime Palacios
Guionista

Personajes
(Por orden de intervención)

JOSE   Treinta y siete años.

JUAN   Treinta y siete años. Gafas, corte de pelo clá-
            sico y apariencia formal.

ÁNGEL   Treinta y siete años. Corte de pelo y barba a
            la moda. Viste con estilo moderno y desenfa-
            dado.

ANDRÉS   Veintinueve años, musculoso.

Acto I
Marzo

En mitad de la penumbra aparece un cartel don-
de puede leerse: «El 10 de junio de 2007 tres
grandes amigos, tras un duro e inesperado su-
ceso, decidieron emprender caminos separados
y no volvieron a verse... Hasta esta noche, 14 de
marzo de 2020». Se encienden las luces y ve-
mos el salón de una casa tipo loft decorado en
un estilo minimalista. De fondo suena música
clásica, mientras JOSE, *en ropa de deporte, se*
prepara para hacer yoga. De pronto, suena el
timbre. JOSE *quita la música y se dirige hacia*
la puerta. Entra JUAN *con una maleta de mano*
y un ramo de flores de plástico.

JOSE   (*Da dos palmadas y la luz tenue de ambiente de*
            relajación se transforma en una de salón.) ¿Juan?
            ¿Pero qué haces aquí?

JUAN   ¿Así recibes a un amigo al que no ves desde
            hace años?

JOSE   (*Le da un cariñoso abrazo a* JUAN.) Perdóna-
            me, tío, pero es que no te esperaba hasta den-
            tro un par de horas.

JUAN   (*Le entrega, algo cortado, el ramo de flores.*)
            Toma, esto es para ti.

JOSE   (*Las mira, muy extrañado y con cierto recha-
            zo.*) ¡Anda! Flores... ¡Y de plástico! Qué de-
            talle más... bonito.

JUAN   ¡Así no tienes que regalarlas! ¿No te gustan?

JOSE   (*Miente, por quedar bien.*) ¡Me encantan! Pero
            es que... Creo que no tengo ningún jarrón, ni
            nada parecido donde colocarlas.

JUAN   No te gustan... Yo pensaba que... te gustarían.
            Como eres... (*Se corrige, antes de meter la pata.*)
            abogado...

JOSE   Como soy gay, ¿no? Y por eso me tienen que
            gustan las flores.

JUAN   A ver, tienes un felpudo en la puerta que pone
            «Hola. ¿Que tal estás? Soy Merche». Tío, ¡Te
            has convertido en un topicazo con patas!

JOSE   Me da a mí que no soy el único.

JUAN   La verdad es que quería traerte otra cosa, pero
            casi todas las tiendas del aeropuerto estaban
            cerradas. Así que era esto o un par de revistas
            del corazón. Que ahora que lo pienso, a los
            gays... Las revistas del corazón... (*JUAN apre-
            cia el gesto de rechazo de JOSE y decide cam-
            biar de tema.*) He venido directo desde allí.

No sabes qué mal rollo había con lo del virus ese del pangolín.

JOSE   ¡¿Qué dices de un pangolín?! Esas fueron las primeras especulaciones y se descartaron hace semanas. Por lo que he leído, todo apunta a que el verdadero responsable de esta nueva enfermedad es un murciélago.

JUAN   Sí, Batman. ¡No te jode! (*Irónico. Fijándose en la esterilla en el suelo y el incienso.*) Oye, si he interrumpido algo importante... Me voy y vuelvo más tarde.

JOSE   Me estaba preparando para hacer yoga.

JUAN   (*Da dos palmadas mientras se ríe y se apagan las luces del salón.*) Desde luego, cómo sois los abogados gays pijos...

JOSE   Deberías probarlo.

JUAN   No sé... Ya es demasiado tarde para ponerme a estudiar derecho, y para lo de ser gay ni te cuento.

        (JUAN *empieza a recuperar rápidamente la confianza perdida, y se comporta como si estuviera en su casa. Se sienta en el sofá y se recuesta, mientras* JOSE *lo mira con un pequeño gesto de desaprobación.*)

JOSE   Me refiero al yoga. (*Pausa.*) Esto te relaja y te conecta con todo tu ser. *Mens sana in corpore sano.* (*Pausa.*) Deberías hacerme caso. Se nota que entre el poco sol de Edimburgo, la paternidad y la falta de sueño estás peor de lo que ya estabas. ¡Menudas ojeras! ¿Cuándo fue la última vez que dormiste ocho horas seguidas?

JUAN   El doce de abril de 2016.

JOSE   ¡Joder!

JUAN   Me acuerdo porque fue la noche antes de que naciera la primera de esas dos hijas del mal, a las que cariñosamente llamo «mis niñas». Oye, ¿Te confirmó Ángel nuestras invitaciones para mañana?

JOSE   Sí, me puso un mensaje hace días.

JUAN   Yo se lo recordaría. Conociéndolo, ya se habrá olvidado. Como haya venido desde Edimburgo solo para ver su puta película y...

JOSE   Hombre, teniendo en cuenta que te perdiste su debut como dramaturgo...

JUAN   ¿Te refieres a aquella obra de teatro en la que decidió contar al mundo nuestras vidas sin permiso?

JOSE   No empecemos otra vez.

JUAN   ¿Tú fuiste al estreno? (JOSE *baja la cabeza.*) ¿Os… habéis visto en este tiempo?

JOSE   ¿Ángel y yo? Hablamos de vez en cuando. (*Aclara.*) Whatsaps y eso… Pero he visto todas sus series y películas.

JUAN   ¿En serio? Es que allí casi no veo televisión española. Bueno, desde que nacieron las niñas, no veo nada en general. Salvo *Pocoyo* y *Peppa Pig*, claro. Dime alguna así importante y la busco…

JOSE   La verdad es que… Ahora que lo dices, hace tiempo que no lo veo en ninguna… Pero lo cogieron en *Master Chef Celebrity*.

JUAN   Qué dices… Pero si no sabía ni freír un huevo. Ponlo y nos echamos unas risas…

JOSE   No, si lo echaron la primera semana… (*Pausa.*) A ver qué tal la nueva peli.

JUAN   ¿Has visto el cartel? «Una película de Ángel Fernández». Qué ego tiene, el cabrón. Como si fuera Almodóvar…

JOSE   Es que dirige él. Y el guión también es suyo. Creo que la produce con su propio dinero. Se juega mucho con este estreno… Bueno, lo importante es que has venido. Que hemos dejado el pasado atrás y que mañana vamos a ir a apoyarlo.

JUAN   He venido por ti, que eres un liante. (*Pausa.*)
       Pero te confieso que me hace ilusión que vol-
       vamos a estar los tres juntos después de...
       ¿Cuánto? ¿Doce años sin vernos?

JOSE   Trece. A mí también me apetece mucho. A ver
       si mañana podemos hablar con él. Me imagi-
       no que tendrá que saludar a mucha gente, aten-
       der a la prensa...

JUAN   Me la pela. Si pasa de nosotros, le corto los
       huevos... Y hablando de huevos, ¿tienes algo
       para picar? No he comido nada a mediodía y
       me estoy muriendo de hambre.

JOSE   Pues tengo la nevera vacía. Como no paro mu-
       cho por casa...

JUAN   ¿Y qué comes?

JOSE   Suelo pedir la comida preparada.

JUAN   (*Da dos palmadas y las luces vuelven a apagar-*
       se.) ¿Tú? ¿El tío que emprendió una guerra
       contra las empresas de reparto a domicilio por
       los falsos autónomos y las malas condiciones
       laborales de los repartidores?

JOSE   No puedo hacer otra cosa. Vuelvo de la ofici-
       na a las tantas sin tiempo para nada. Además,
       de eso hace mucho. (*Pausa.*) ¿Me cambio y
       salimos a cenar algo?

JUAN   ¡Por favor!

JOSE   ¿Qué te apetece comer? Hay un chino a la vuelta de la esquina que creo te va a encantar.

JUAN   ¡No, por favor! (*Pausa.*) He oído que lo que te meten en la comida no es pollo, es pangolín.

JOSE   Eso no tiene ningún sentido. Es verdad que en Asia se comercia y trafica con la carne de ese animal, pero aquí saldría carísimo.

JUAN   Es cierto… Es más probable que nos cuelen gato, o incluso rata, en vez de pollo…

JOSE   ¡Juan! (*Escandalizado.*) ¿Sabes lo racista que suena eso?

JUAN   No soy ningún racista. A mí me da igual de dónde sea el gato o la rata que me pongan en el plato. Lo que no quiero es comérmelo.

JOSE   (*Suspira y lo deja por imposible.*) ¿Pizza?

JUAN   Esa palabra acaba de sonar a gloria en mis oídos.

JOSE   (*Coge la maleta de* JUAN.) Te dejo la maleta en el cuarto de invitados.

JUAN   ¿Llamamos a Ángel por si se apunta?

JOSE   Ya se lo comenté y me contestó que andaría liado con todo lo del estreno. Hasta le ofrecí que se quedara a dormir aquí y me dijo que no.

JUAN   ¿Pero no tiene casa en Madrid?

JOSE   Se acaba de mudar a un casoplón que está de reformas y se queda en un hotel hasta que acaben.

JUAN   ¿Pues sabes que te digo? Mejor así. Ya era insoportable cuando compartíamos piso y era un famosillo de medio pelo con ínfulas. Si tuviera que volver a convivir con él, aunque fueran dos días, me tiraría por la ventana.

          (*Suena el timbre de la puerta.* JOSE *va a abrir. Entra* ÁNGEL. *Viene cargado con varios juegos de maletas de lujo.*)

JOSE   ¿Ángel?

ÁNGEL   (*Entra como un huracán.*) Pero bueno, ¡cuánto tiempo! ¿Cómo estáis? No sabéis las ganas que tenía de veros. ¿Me habéis echado de menos? Porque yo a vosotros muchísimo. De verdad, qué alegría volver a veros. ¡Estáis iguales! Iguales... que en las fotos.

JUAN   ¿Qué fotos?

ÁNGEL   Pues... ¡Las de Instagram!

JUAN   Pero si yo no tengo Instagram.

ÁNGEL   ¿Estás seguro?

JUAN   Bastante.

ÁNGEL   Pues... Será alguien que se te parece. Y hablando de todo un poco ¿Puedo quedarme con vosotros? No os importa, ¿Verdad?

(JUAN, *a espaldas de* ÁNGEL, *hace desesperados gestos de negativa a* JOSE.)

JOSE   Claro. Ahora que Juan va a saltar por la ventana, hay sitio de sobra.

ÁNGEL   ¿Qué?

JUAN   Ni caso.

JOSE   Pero cuando dices de «quedarte»... ¿te refieres a una noche?

ÁNGEL   ¿Es así como recibes a tu mejor amigo de la infancia al que hace años que no ves?

JUAN   Sí, eso tiene que trabajarlo más.

ÁNGEL   Bueno, ¿me vais a dar un abrazo o no?

JOSE   Si prometes no morder... Se te ve... ¿tenso?

(*Se abrazan, pero sin demasiada efusión. Un abrazo formal y frío.*)

ÁNGEL   Perdonadme, pero es que no sabéis que tarde llevo. Primero me dicen que suspenden el estreno de mi película...

JUAN   ¿Quéeee?

ÁNGEL   Sí, por lo del virus del pangolín ese de los cojones...

JOSE   ¡Murciélago!

JUAN
/ÁNGEL   (*Al mismo tiempo.*) ¡Pangolín!

ÁNGEL   Yo estaba súper rayado, porque veía que están cerrando todo. Los cines, los museos, las tiendas... ¡Y no solo en España! Coño, que han cancelado los espectáculos de Broadway... Le pregunté a mi coproductor, pero me dijo: «tiene que venir la OMS para cancelar este estreno». Así que Broadway cerraba, pero Kinépolis seguía abierto... Pues no. Ahora dice que la mandan directamente a plataformas.

JUAN   Entonces..., ¿no hay estreno? Es que lo sabía...

JOSE   ¡Juan!

JUAN   ¡He venido desde Edimburgo!

(JOSE *le hace señas para que se calle.*)

JOSE   Pero bien, ¿no? Estrenas en plataformas…

ÁNGEL   ¿Bien? Todo mi esfuerzo… y mi dinero, a tomar por culo. Y encima llego al hotel cansado, preocupado, estresado… Os hacéis una idea, ¿no?

JUAN
/JOSE   ¡Sí!

ÁNGEL   Pues llego y me dicen que tengo que desalojar mi habitación en una hora, porque lo van a cerrar también.

JUAN   No pueden hacer eso. ¡No es legal!

JOSE   En realidad, podría serlo… si declaran el estado de alarma, recogido por la Constitución Española.

JUAN   Qué dices, colgao…

JOSE   Ya han anunciado que piensan hacerlo. De hecho, hoy iban a votarlo en el Congreso, pero es una formalidad. Si se aprueba, mientras esté vigente, se revocarán todos los derechos fundamentales. Podrían hacer literalmente lo que quisieran.

JUAN   ¿Podrían quiénes?

JOSE   ¿Quién va a ser? El gobierno. Con la ayuda del ejército.

JUAN   ¡Joder!, ¡jodeeer!

JOSE   (*Trata de quitar hierro.*) ¡Venga, no te rayes! Seguro que no será para tanto (*A* ÁNGEL.) Y tú no te preocupes. Aún tengo una habitación de sobra.

ÁNGEL   Otra vez los tres juntos bajo el mismo techo. ¿No es genial?

JOSE   Sí. Me siento como *Scrooge* cuando lo visitan los fantasmas del pasado.(*Pausa. Le señala el dormitorio.*) Puedes dejar ahí tus cosas, y nos lo cuentas todo con calma durante la cena.

ÁNGEL   ¿Pero es que no me habéis escuchado? ¿Dónde vamos a ir? Si todos los restaurantes están cerrados. El único que he visto abierto es un chino que hay abajo.

JUAN   ¡El del bocata de rata! ¡Llama a TelePizza!

       (JOSE *coge el teléfono.*)

ÁNGEL   Ni lo intentes. Ya lo he hecho yo cuando venía de camino. Cerrado también.

JUAN   ¿Os estáis quedando conmigo? ¿Es algún tipo de broma por no haber ido a tu obra?

ÁNGEL   ¿Pero tú en qué planeta vives? ¿Es que no ves las noticias?

JOSE   (*Escéptico.*) ¿Tú, sí?

ÁNGEL   Tengo *Twitter*, ¿vale? No es solo en España. Se rumorea que van a confinar a todo el mundo.

JUAN   ¿Pero te refieres al mundo... mundial?

ÁNGEL   De momento, solo en algunos países. Pero parece que la cosa va a más.

JUAN   ¡Que no, coño! Lo de España es de traca... ¡Boris Johnson! Ese es un presidente serio. ¿Se acojona con la pandemia y pierde los papeles? No. «Aconseja» cosas normales: que no nos reunamos, que los enfermos hagan cuarentena, que no cojamos vuelos... Pero, ¿prohíbe algo? ¡No! Aquí estoy yo... ¿Y para qué? ¡Para nada!

JOSE   (*Coge el mando y enciende el televisor.*) No nos pongamos en lo peor, no creo que lleguen tan lejos. Desde 1978, que se redactó la Constitución, el estado de alarma sólo se ha aplicado una vez...

(*En la televisión, escuchamos al presidente Pedro Sánchez, en la rueda de prensa posterior a la declaración del estado de alarma.*)

PEDRO SÁNCHEZ   (*Voz en off.*) Comparezco para dar cuenta del consejo extraordinario de ministros en el que hemos aprobado el ya anunciado estado de alarma y las medidas que este implicará, para hacer frente al coronavirus, al Covid 19…

(*Se miran unos a otros, agobiados.*)

JOSE   ¡Puto… murciélago!

ÁNGEL
/JUAN   ¡Pangolín!

Oscuro.

Acto II

*El salón permanece en penumbra cuando co-
mienza a sonar música a todo volumen. Se encienden las luces y entran* JOSE *y* JUAN, *en pijama, medio dormidos.*

JOSE   ¡No puede ser!

JUAN   ¡¿En serio?! Para una noche en la que, por fin,
            iba a dormir…

JOSE   Voy a hablar con él.

JUAN   No, déjame a mí. Esta vez, me encargo yo.

JOSE   Sí, será mejor. Tú siempre has sabido lidiar
            con estas situaciones con calma y tacto…

JUAN   (*A grito pelado.*) ¡Ángel! ¡Grandísimo hijo de
            puta! ¡Abre la puta puerta! Que llevo cuatro
            años sin poder dormir dos horas seguidas.
            ¡Ángel! ¡Abre o te reviento!

JOSE   Mejor… déjamelo a mí.

(*De pronto, aparece* ÁNGEL. *Viene de la cocina, con una taza en la mano.*)

ÁNGEL   ¿Pero se puede saber qué hacéis?

JOSE   ¿Qué haces tú ahí?

ÁNGEL   He ido a por un Colacao.

JUAN   (*Extrañado.*) Entonces... Si Ángel está aquí... ¿Quién está armando este jaleo?

        (*Del dormitorio sale* ANDRÉS *con pantalón de pijama y sin camiseta. Lleva el teléfono en la mano.*)

ANDRÉS Perdonadme. Alexa se ha vuelto loca. Ha puesto la música a todo meter y ahora no sé como pararla. (*Intenta apagarla con calma y educación.*) Alexa, por favor, ¿puedes apagarte? (*No funciona.*) Alexa, por favor...

ÁNGEL   Alexa, ¡que te calles, coño! (*Alexa se apaga.*) El sistema Tejero nunca falla.

        (*Todos miran a* ANDRÉS, *muy sorprendidos.*)

JUAN   (*A* JOSE.) ¿Es tu novio?

JOSE   ¡No!

JUAN   ¿Y por qué tienes a un tío que no conoces medio en pelotas en tu casa?

JOSE   Pues eso mismo quisiera yo saber.

JUAN   A ver si te has convertido en uno de esos ase-
           sinos en serie gays.

JOSE   ¿Perdona?

JUAN   Sí, como el Dahmer ese. O el de Versace.

JOSE   Para eso tendría que estar muerto, ¿no?

JUAN   Pues si no te lo cargas tú, me lo cargo yo.

ÁNGEL   Andrés, por favor, ¿te importaría ponerte algo
           encima?

ANDRÉS   Sí, claro. ¡Enseguida!

           (*Desaparece en el dormitorio.*)

JOSE   (*Alucinado, a* ÁNGEL.) ¿Tú lo conoces?

ÁNGEL   Claro. Es mi asistente.

JUAN   ¿Tu qué?

JOSE   ¿Tienes un asistente?

ÁNGEL   Bueno, es becario.

JOSE
/JUAN   (*Lo miran, alucinados.*) ¿Becario?, ¿en serio?

(ANDRÉS *sale poniéndose una camiseta, sonríe avergonzado y se encoge de hombros.*)

ANDRÉS   Estudié Comunicación Audiovisual. Luego hice un máster en Periodismo Multimedia Profesional. Rodé un par de cortos… Uno ganó varios premios. Mandé currículum a todas las productoras…

JUAN   (*Por* ÁNGEL.) ¿Y elegiste a este?

ANDRÉS   No me llamó nadie. Bueno, sí… Un hipermercado. Soy reponedor. Lo más cerca que he estado del sector audiovisual fue cuando me pusieron en la sección de películas… Me prometí a mi mismo que, si no me salía nada de lo mío antes de los treinta, me volvía al pueblo.

JOSE   ¿Pero tú cuántos años tienes?

ANDRÉS   Veintinueve. (*Sombrío.*) Y, entonces, me llamó Ángel.

ÁNGEL   Necesitaba a alguien que me echara una mano con los temas de la productora, las redes, la promoción, la gira de mi obra…

JUAN   ¿Para eso las celebrities no tenéis un manager o algo así?

ÁNGEL   Los representantes solo se encargan de tus asuntos como actor. (*Cambia imperceptiblemente de tono, sombrío.*) Además, dejé al mío hace poco. (*Vuelve a sonreír y cambia de tema.*) Necesitaba un cambio, y mientras encuentro a otro...

JOSE   Te buscaste un chico para todo.

JUAN   ¿Para todo... «todo»?

ÁNGEL   Profesional con múltiples responsabilidades.

JUAN   ¿Y le pagas?

ÁNGEL   ¡Qué va! (*Pausa.*) Bueno, algo...

JOSE   ¿Y te «asiste» veinticuatro horas?

JUAN   A mí todo esto me parece muy turbio.

ÁNGEL   ¡No hay nada turbio! Cuando lo contraté, ya tenía las maletas hechas.

ANDRÉS   Es que Madrid es carísimo...

ÁNGEL   Así que le ofrecí quedarse en mi casa...

JUAN   ¿En plan Sugar Daddy?

ÁNGEL   ¡En plan nada! Luego, con lo de la reforma, se vino a mi hotel. Pero como nos han echado... le he dicho que puede quedarse con nosotros.

JOSE   ¿Que le has dicho qué?

ÁNGEL   Que se podía quedar con nosotros. No encontraba otro sitio, no iba a ponerse a buscar piso en mitad de la noche, con la que está cayendo.

JOSE   ¿Y cuándo pensabas decírmelo?

ÁNGEL   ¿Ahora?

JOSE   ¡Yo te mato!

ANDRÉS   No pretendía causaros ninguna molestia.

ÁNGEL   Si no es molestia.

(JOSE *le fulmina con la mirada.*)

ANDRÉS   Mañana mismo miro si queda algún autobús o si puedo alquilar algún coche para volver a mi pueblo...

JOSE   Sí, mejor... Es que aquí no hay espacio para todos. Entiéndelo, no es un piso tan grande.

ÁNGEL   (*Irónico.*) Noooo, solo tiene tres dormitorios, salón, cocina y dos cuartos de baño. Vamos, una cosa sencillita en plena Gran Vía.

JOSE   Lo que quiero decir... (*A* ANDRÉS.) Es que no te conocemos.

ÁNGEL   Venga ya. Si solo van a ser unos días. ¡Una semana, como máximo! No creo que nos puedan

tener confinados mucho más tiempo. Será...
¡Como estar de campamento! Y... Es limpio,
cocina... (*Subraya, como una gran ventaja.*)
¡Mira qué carita, y que abds...! (*Le levanta la
camiseta.*) Si está más fuerte que el primo de
Zumosol.

ANDRÉS   (*Extrañado.*) ¿Quién?

ÁNGEL   (*A* JOSE.) No puedes echar a un tío así de tu
casa. ¿Qué clase de gay eres tú?

JOSE   ¿Pero cómo puedes ser tan superficial?

ÁNGEL   Bueno, y no sabes lo mejor... ¡Cómo huele!
(*Se cerca a* ANDRÉS.) Ven a olfatearlo un poco.

JOSE   ¡¿Pero qué dices!?

ANDRÉS   Gracias, Ángel, pero Jose tiene razón.

JUAN   Además, por muy bien que cocines, el pijo
este (*por* JOSE.) no tiene nada en la cocina, más
que un Colacao rancio...

ANDRÉS   (*Saca una maleta del dormitorio.*) Si queréis,
yo tengo algunos embutidos del pueblo que
me envió mi madre hace unos días.

JOSE   (*Lo miran con otros ojos.*) ¿En serio?

ANDRÉS   Sí. Dice que estoy muy delgado, la pobre...
(*Va sacando comida.*) Hay un poco de jamón,

una morcilla, un chorizo, algo de pan, manteca de cerdo...

ÁNGEL   ¿Pero eso qué es, una maleta o un Carrefour Express?

ANDRÉS   Mi madre, que es un poco exagerada.

JUAN   No digas eso, hombre. Bendita sea tu madre.

(*Todos se sirven y empiezan a comer.*)

JOSE   (*A* ANDRÉS.) ¿Y puedes comer todo esto y mantener ese cuerpo?

ÁNGEL   (*A* JOSE.) ¡Sabía que te habías fijado!

ANDRÉS   Tengo una buena genética.

ÁNGEL   A ver lo que te dura. Porque después de los treinta, cada vez cuesta más mantenerse...

ANDRÉS   (*Con cara de preocupación. Cambia de tema.*) Entonces, ¿vosotros sois los amigos de toda la vida, con los que se vino a Madrid? ¿Los de su obra de teatro?

(ÁNGEL *sonríe y asiente.*)

JUAN   ¡Anda! Somos famosos.

ANDRÉS   Me encanta, la he visto varias veces.

JOSE

Bueno, está inspirada en nosotros pero hay mucha ficción...

ANDRÉS

(*Parece decepcionado.*) ¿Qué parte? Lo de vuestro amigo, el que...

JOSE

Eso sí ocurrió. (*Se ponen muy sombríos.* JOSE *trata de romper el hielo.*) Bueno, pues ya lo sabes todo de nosotros, más o menos. ¿Por qué no nos hablas un poco de ti?

ANDRÉS

¿Qué queréis saber?

ÁNGEL

No interroguéis al chaval...

JOSE

¿No querías que lo conociéramos? (*A* ANDRÉS.) ¿Qué te parece tu trabajo, estás contento? (*Antes de que conteste.*) ¿Sales con alguien?

ÁNGEL

Uy, ¿y esa pregunta?

JOSE

Pero qué mente más calenturienta tenéis. (*A* ANDRÉS.) Tú a estos, ni caso.

ANDRÉS

Tranquilo, no pasa nada. (*Pausa.*) Tuve un par de novias en la facultad. Después empecé un triangulo con un chico y otra chica... Pero luego pasé por la típica etapa gay con un chico. Ya sabéis, ¿no?

JUAN
/ÁNGEL

¡No!

ANDRÉS   (*Sigue.*) Pero acabé dejándolo por una chica que estaba obsesionada con que doblara las servilletas con forma de cisne. (*Lo miran, alucinados, como pensando «qué generación».*) ¿Y vosotros? ¿Os veis con frecuencia? Por el final de la obra entendí que no habíais vuelto a veros después del fallecimiento de vuestro amigo.

          (*Se hace un pesado silencio. Se miran, incómodos.*)

JUAN   Bueno, aquí estamos, ¿no? Encerrados, sin nada que hacer hasta dios sabe cuándo.

JOSE   También podemos verlo desde el punto de vista positivo.

ÁNGEL   ¡Espera! ¿Hay un punto de vista positivo?

JUAN   Es que ahora hace yoga...

ANDRÉS   Eso te pone un culazo...

JOSE   Lo que os quiero decir es que, a lo mejor, es una buena oportunidad para pasar un poco de tiempo juntos y ponernos al día. No sé vosotros, pero a mi me gustaría saber cómo os va todo, más allá de lo que veo en vuestro Instagram. Venga, Juan... Háblanos de tu familia, de tus hijas.

ANDRÉS   ¿Tienes hijas?

JUAN   (*Saca el móvil y enseña una foto.*) Sí, son estas. Son dos monstruitos, pero las adoro.

ÁNGEL   ¿Recuerdas lo frikazo que eras de *Star Wars*? Decías que si tenías hijos los llamarías Luke y Leia. Menos mal que has tenido dos niñas. Por cierto, ¿Cómo las llamaste?

JUAN   Luca y Leia.

ÁNGEL   Ah, pues está muy bien también... Muy... galáctico.

ANDRÉS Es original.

JOSE   ¿Y tu mujer?

JUAN   Ella se llama Emily.

JOSE   No. Que... ¿cómo está?

JUAN   Bien. Es... maravillosa. Y tengo una suegra... ¡No sabéis cómo es mi suegra! Es... ¡Como una segunda madre! Un amor de mujer... Vivimos todos juntos en una granja enorme, en mitad del campo, rodeado de verde y de todo tipo de animales.

JOSE   ¿Y tu trabajo en el hotel?

JUAN   Lo dejé hace años.

JOSE   ¿Qué? Pero si te encantaba.

JUAN   Ahora trabajo en la granja de su familia. Limpio las cuadras, cepillo a los caballos, doy de comer a las alpacas, hasta pongo las trampas para espantar a los zorros...

ÁNGEL   Pero si te daba alergia hasta los pelos de gato.

JUAN   Pues ya ves. Ahora soy todo un hombre de campo.

ÁNGEL   (*A* JOSE.) ¿Y tú qué, sales con alguien?

JUAN   ¡Eso! Cuenta…

        (ANDRÉS *parece interesado en la respuesta, aunque disimula.*)

JOSE   En este momento, no. Ni lo busco. Soy muy feliz. Me siento muy bien conmigo mismo.

JUAN   Claro que sí, tío. ¡Ánimo!

JOSE   Oye, que hay más cosas en la vida, aparte del amor. Me encanta mi trabajo.

JUAN   ¿No es muy estresante?

JOSE   Poner demandas me relaja.

JUAN   Yo, para eso, salgo a pasear.

ÁNGEL   Yo, también.

JUAN   ¿Tú?

ÁNGEL   ¡Claro! Mientras voy de compras...

JOSE   Y creo que hice bien cambiándome al derecho mercantil y entrando en un bufete privado de fusiones y adquisiciones, porque me aporta una gran estabilidad.

ÁNGEL   ¿Quieres decir «dinero»?

JOSE   Entre otras cosas.

ÁNGEL   ¿Y qué hay del Jose que quería defender a los más desfavorecidos?

JOSE   Sigo colaborando con muchas causas benéficas.

ÁNGEL   Mientras ayudas a las grandes empresas a evadir impuestos.

JOSE   Yo prefiero llamarlo «aplicar la justicia tributaria».

ÁNGEL   (*Cada vez más hostil.*) Y yo lo llamo «eufemismo».

JUAN   Hablando de curro... (*A* ÁNGEL.) ¿Tú qué? Parecía que ibas a petarlo como actor, pero dice este que te has comido los mocos...

    (JOSE *lo fulmina con la mirada.*)

ÁNGEL   (*Parece nervioso.*) Ya sabes cómo es esto… A veces no paran de llamarte y luego te tiras meses sin trabajar…

JUAN   O años… ¿Y de tías, qué? ¿Sales con alguien?

ÁNGEL   ¿Con una en concreto? Pues no. Además, yo lo cuento todo en Instagram. (*Señala a* ANDRÉS.) Bueno, lo cuenta este, que me lleva las redes.

JOSE   Explotador…

ÁNGEL   Tengo poco tiempo, y él lo hace muy bien. ¡Ha captado mi esencia! Me muestra como realmente soy. Un tío normal, cercano... ¡No me pone ni filtro

JUAN   Hombre, con todos los que ya llevas encima…

ÁNGEL   ¿Qué quieres decir?

JUAN   Que tienes menos arrugas ahora que cuando teníamos veinte…

JOSE   (*Lo mira de cerca.*) Venga, ¿qué te has hecho? ¡En las fotos!

ÁNGEL   ¡Cuidarme mucho! No como otros…

(*Se miran, desalentados.*)

JUAN   Joder… Qué mayores somos.

ÁNGEL   Oye, habla por ti. Que yo sigo siendo joven. Hasta soy *Swiftie*.

JUAN   ¿Que eres qué?

JOSE   (*Suspira, abatido.*) Es la hostia... Cuando pasas de los treinta, de pronto todo va a una velocidad de vértigo. Un día te levantas y han pasado diez años.

JUAN   O veinte.

ÁNGEL   Pues yo os veo y es como si no hubiera pasado el tiempo.

JOSE   ¿En serio?

ÁNGEL   ¡No! Estáis hechos un asco. (*A* ANDRÉS.) ¿Por qué no haces una foto de este reencuentro y así actualizas el Insta antes de acostarte?

JOSE   ¡Lo tienes explotado!

ÁNGEL   Y lo dice el tío que quiere echarlo a la calle.

JOSE   Ya no. He cambiado de idea. Puede quedarse unos días.

ÁNGEL   Sabía que lo de la camiseta funcionaría.

ANDRÉS   ¿En serio? Muchísimas gracias, Jose.

JOSE   (ANDRÉS *abraza a* JOSE.) Joder. Pues sí que hue-
              le bien.

ANDRÉS   (*A* ÁNGEL.) ¡No me lo puedo creer! Va a ser
              como estar dentro de tu obra.

              (*Corre hacia el dormitorio.*)

ÁNGEL   Por cierto… ¿a alguno os importaría compar-
              tir cuarto con él? Es que ronca como Darth
              Vader con asma. Y yo necesito doce horas de
              sueño reparador para mantener este aspecto.

JUAN   Y doce pinchazos de bótox.

JOSE   Este sofá es una cama comodísima.

ÁNGEL   Ah, guay… ¡Andrés! (*Lo llama a gritos.* JOSE
              le lanza una mirada que lo intimida.) Vaaaale,
              ya me lo quedo yo… Como cuando fuimos
              mochileros y dormíamos en cualquier sitio…
              Pero me mudaré a la habitación de Juan en
              cuanto se vuelva a Edimburgo.

JUAN   Sí, sobre ese tema…

JOSE   ¿Ha pasado algo? Dicen que hay vuelos para
              los que vuelven a su lugar de residencia, ¿no?

JUAN   Hay… Pero en mi DNI consta la dirección de
              Madrid. Iba a cambiarlo, pero…

ÁNGEL   ¿Estabas muy liado ordeñando alpacas y eso…?

JOSE   No me lo puedo creer… ¿Y ahora no puedes volver?

JUAN   No, pero seguro que lo soluciono mañana en un *pis pas*. (*Bosteza.*) A ver si consigo volver a dormir.

(Sale hacia su dormitorio. JOSE *y* ÁNGEL *una vez solos, parecen tensos. Como si no supieran cómo despedirse. O deseasen hablar, pero no supieran cómo.)*

ÁNGEL   Y yo… (*Pausa.*) No consigo sacarme de la cabeza lo del estreno. Llevaba tanto tiempo esperando este momento…

JOSE   Perdona, no me había dado cuenta de que estabas mal, no parecía importarte mucho. Como no has parado de hacer bromas…

ÁNGEL   Ya me conoces, es lo que he hecho siempre: ponerme esa máscara de graciosote cuanto más jodido y hecho polvo estoy por dentro. Si te portas como si todo fuera bien, te sentirás bien.

JOSE   ¿Y te funciona?

ÁNGEL   Claro… (*Lo mira con cara de «¿tú qué crees»?*) ¡Que no! Y lo peor es que no puedo evitar sentirme como un monstruo por estar pensando en mi puñetera película cuando hay hospitales llenos de gente sufriendo.

JOSE

¡Eh! El Ángel que yo conocí no era ningún monstruo. (*Pausa.*) Un poco descerebrado…

ÁNGEL

Echo de menos a ese Ángel.

JOSE

Pues yo te veo como siempre.

ÁNGEL

¡Que va! Ni la mitad de lo que era.

JOSE

No me creo que ya no seas el rey de la fiesta. El que lo daba todo cada vez que sonaba Bon Jovi…

ÁNGEL

Sí, mírame. ¡Todo un juerguista! Pero todavía me pones a Bon Jovi, y no respondo.

JOSE

¿En qué momento nos hicimos adultos?

(*No responde. Ambos saben de qué hablan, no necesitan palabras.*)

ÁNGEL

(*Suspira.*) Por suerte, cada vez se habla más de la salud mental. Pero qué poco se habla de las consecuencias… De la huella que deja la marcha de alguien a quien quieres, en los que nos quedamos aquí.

JOSE

A veces pienso cómo conseguimos salir de aquello. Si es que salimos…

(*Va a marcharse. Se detiene. Parece que quiere contarle algo. No se decide, vuelve a marcharse.*)

ÁNGEL   ¡Jose! (*Va hacia él.*) Me alegro mucho de volver a verte. La verdad es que... Os he echado
mucho de menos.

JOSE   Y yo a ti. (*Hacen un amago de abrazarse… pero
no llegan a hacerlo. Se separan.*) Adiós, cara
huevo.

ÁNGEL   Adiós, boquerón. (ÁNGEL *da dos palmadas sin
querer y se apaga la luz.*) ¿Y esto?

Oscuro.

Acto III
Abril

> *Se encienden las luces del salón y entran* JUAN *y*
> ANDRÉS *vestidos de camuflaje, con guantes, go-*
> *rra y gafas.* ANDRÉS *lleva, además, una careta
> de* Gosthface, *de la película* Scream. *Cada uno
> va cargado de bolsas de supermercado y varios
> rollos de papel higiénico.*

JUAN   ¡Menudo madrugón! Teníamos que haber ido a comprar por la tarde.

ANDRÉS   Por la tarde tenemos que salir a aplaudir. Para un compromiso que tenemos en todo el día... Además, a primera hora no hay nadie en el súper y se puede comprar más tranquilo.

JUAN   Pero si había una cola de gente que daba más miedo que la careta esa que llevas.

ANDRÉS   (*Se quita la máscara.*) ¿Qué quieres? A falta de mascarilla, es lo mejor que he encontrado. Además, seguro que esto espanta a los virus.

JUAN   A los virus no sé, pero más de uno ha salido corriendo de la cola.

ANDRÉS   Todo son ventajas. Oye, gracias por acompañarme.

JUAN   ¡Qué menos! Llevas no sé cuanto tiempo haciendo tú la compra para todos.

ANDRÉS   Bueno, es mi trabajo.

JUAN   ¿Y ahora qué haces?

ANDRÉS   La cama de Ángel, que ya se ha levantado y estará en el baño.

JUAN   Deberías hablar con él. No eres su esclavo.

ANDRÉS   Bueno, duerme en el sofá por mi culpa. Y así también aporto algo.

(JUAN *nota un aparato que hay entre las sábanas del sofá.*)

JUAN   Oye, ¿qué es esto?

ANDRÉS   Ni idea.

JUAN   Huele raro. Y tiene como líquido dentro.

ANDRÉS   Entonces será una de las cremas carísimas de Ángel. Solo tienes que ver el diseño del bote.

JUAN   ¿Y lo deja aquí, entre las sábanas?

ANDRÉS   ¿Todavía no te has dado cuenta de lo desastre que es? (JUAN *coge un poco y se lo pone en la frente.*) ¿Qué haces?

JUAN   A ver si va a ser él el único que tiene derecho a envejecer como Benjamin Button.

ANDRÉS   Como se entere te va a matar.

JUAN   Pero no se va a enterar, porque no se lo vamos a decir. Oye, esto huele fatal. Y es súper pringoso. A ver si va a estar caducada o algo.

ÁNGEL   (*Sale del baño en toalla, con una mascarilla muy llamativa.*) ¿Qué hacéis?

JUAN   (*Corre a esconder el bote en el sofá.*) ¡Ah!

ÁNGEL   ¿Qué pasa? ¡Solo es una mascarilla de día de retinol!

JUAN   ¿Y para qué la quieres, con todo el botox que tienes encima?

ÁNGEL   Tú también deberías usarla. Después de los treinta hay que empezar a cuidarse.

JUAN   Y otros a pincharse.

ÁNGEL   ¡Que yo no me pincho nada!

JUAN   Pero si pareces un gusiluz

ANDRÉS   ¿Qué es eso?

ÁNGEL   La prueba de que eres demasiado joven. ¿Y vosotros de qué vais disfrazados? ¡Que estamos en una pandemia, no en Halloween!

ANDRÉS   ¿A que no sabes de dónde venimos?

ÁNGEL   ¿Del pasaje del terror?

JUAN   Casi. ¡Del súper! Si hubieras ido alguna vez, sabrías que es un espacio cerrado donde hay que ir protegido del virus.

ÁNGEL   Os lo he dicho mil veces. No puedo ir. Están todos mis fans potenciales de Masterchef. Y no quiero que se me acerque nadie.

ANDRÉS   (*A* ÁNGEL.) Si quieres, te presto mi máscara.

JOSE   (*Entra con cara de pocos amigos. Vestido con camisa, corbata y calzoncillos.*) Menudo escándalo tenéis formado, ¿no? ¡Que estaba en una reunión!

ÁNGEL   ¿De strippers?

JOSE   Telemática. De cintura para abajo nadie me ve.

ÁNGEL   Pues menos mal.

JOSE   Y hablando de ropa... Últimamente no paran de desaparecerme... (*Con ironía, mientras lanza una mirada acusadora y los va señalando.)* mis jerséis, mis pantalones, mis calcetines...

ÁNGEL   A mí no me mires. Yo no uso ropa de los 90. *(Mira a* ANDRÉS.) Andrew, necesito café.

ANDRÉS   *(Corre hacia la cocina.)* ¿Alguien más quiere? *(Muy solícito.)* ¿Jose?

JOSE   *(Algo sorprendido.)* Sí, genial, gracias.

ANDRÉS   Dos cafés. Marchando.

JUAN   ¡Oye! Que sean tres, ¿no?...

*(*ANDRÉS *sale.)*

JOSE   *(A* ÁNGEL.) Y tú, deja de tratar a ese pobre como a un esclavo...

ÁNGEL   ¡Qué dices! Para un café que le pido.

ANDRÉS   *(A* ÁNGEL, *asomando desde la cocina.)* Con leche desnatada, sin lactosa y sacarina, ¿no?

ÁNGEL   Y la leche templada, casi fría (JUAN y JOSE *lo miran fijamente.)* Vaaaale, mañana le preparo yo uno a él.

JOSE   Más te vale.

(Se sientan en el sofá.)

ÁNGEL   (*A* JUAN.) ¿Y a ti qué te pasa? Que estás más rancio de lo normal... Boris Johnson ya salió de la UCI, así que...

JOSE   Es por... ¿tu mujer? ¿Tus hijas?

ÁNGEL   ¿Porque hace mucho que no mojas? (JOSE *le da un codazo.*) ¿Qué? A mi me pasa. Deberías... Ya sabes, quererte más.

JUAN   Yo me quiero.

ÁNGEL   Me refiero a...

JOSE   Ya sabemos a qué te refieres.

ÁNGEL   ...darte una alegría. Y si no, mírame a mí. Yo me doy muchas alegrías... y estoy relajadísimo.

JUAN   ¡Pajillero!

ÁNGEL   Claro, porque vosotros no os tocáis.

     (*Entra* ANDRÉS *con los cafés. Sirve primero a* JOSE.)

JUAN   Pues no.

ÁNGEL   Venga, ¿cuando fue la última vez que os disteis... una alegría?

JOSE   Ya ni me acuerdo. Cuanto menos lo haces, menos ganas te entran.

JUAN   ¿Y tú?

ÁNGEL   Hace media hora. En este mismo sofá. (*Se levantan todos como un resorte.*) Bueeeno, perdón por este arrebato de sinceridad.

JOSE   ¡Joder! Quita esas sábanas. (ÁNGEL *obedece. A* JUAN.) ¿Y si nos cuentas lo que te preocupa de verdad?

JUAN   Supongo que no llevo muy bien todo esto. Estoy... estresado... A ver, que ha estado bien lo de volver a vernos, y volver a vivir juntos... Pero es que no estaba preparado para este confinamiento.

ÁNGEL   Pues mírame a mí. De Masterchef a Gran Hermano. ¿Sabes lo que necesitas...?

JUAN   Que no me voy a...

ÁNGEL   ¡Que no me refiero a eso! Esta tarde, nos arreglamos y nos vamos juntos al concierto de Malú.

JUAN   ¿Pero de qué hablas? ¿Qué concierto?

ÁNGEL   Esta tarde, a las ocho. Por streaming. Jose, ¿te apuntas? Puedes llevar tu *outfit* de camisa y calzoncillos.

JOSE   Yo es que tengo una videollamada.

ÁNGEL   ¿Más trabajo? ¿A esas horas?

JOSE   No es de trabajo.

JUAN   ¿Entonces? Porque últimamente te pasas el día en tu cuarto haciendo videollamadas. Aquí no hay secretos...

JOSE   ¿Recordáis a Luna?

ANDRÉS   ¿Tu ex novia? ¿La militar que descubrió que era lesbiana saliendo contigo?

JUAN   Joder con este. ¡Se lo sabe todo!

JOSE   La misma.

ÁNGEL   Jose y Luna... La historia continúa.

JOSE   En estos años hemos seguido en contacto... Nos hemos convertido en grandes amigos. Está pasando por un mal momento porque acaba de separarse de su chica.

JUAN   Pobre...

JOSE   Pero eso no es todo.

JUAN   (*Hace una de sus gracias patosas.*) No me lo digas... ¡La has dejado embarazada! (*Todos lo miran mal.*) Era... una broma.

JOSE   Pues... El caso es que... Un poco, sí.

ÁNGEL   Pero... ¿cómo de poco?

JOSE   Bastante.

JUAN
/ÁNGEL   ¿Qué?

(Se escucha el ruido de una taza romperse en la cocina. ANDRÉS *se asoma al salón.)*

JUAN   Pero... ¿tú no eras gay?

JOSE   Sorpresa, Juan. Los gays también podemos reproducirnos.

JUAN   Pero... ¿con una mujer?

JOSE   No, con una de tus alpacas.

ANDRÉS   Pues, tío... yo me alegro un montón. ¡Enhorabuena!

(Se acerca a JOSE *y le da un abrazo.)*

JUAN   Entonces... ¿vas a ser padre?

JOSE   No.

ÁNGEL   Yo no me entero de nada.

JOSE   Yo solo la he ayudado a cumplir su sueño de ser madre.

JUAN   ¿Pero cómo? ¿Cuándo? Llevamos aquí más de un mes encerrados.

JOSE   Sabes que el periodo de gestación de un niño es de nueve meses, ¿no? Si os tranquilizáis, os lo cuento. (*Pausa.*) Ya os he dicho que ella se ha convertido en una parte imprescindible de mi vida. Vosotros no estabais y...

ÁNGEL   ¿No teníamos útero?

JOSE   Y ella ha estado ahí siempre que la he necesitado. Los primeros trabajos... la muerte de Carlos... Conociendo a mis parejas, aguantándome en mis rupturas...

JUAN   ¿Y por eso le das tu esperma? ¿No podías darle las gracias con un ramo de flores, como todo el mundo?

ÁNGEL   O una tarjeta regalo...

JUAN   O una caja de esas de viajes con encanto...

ÁNGEL   O grabarle una cinta.

ANDRÉS   ¿Una qué?

ÁNGEL   Una *playlist*.

ANDRÉS   Ah.

JOSE   ¡Ella quería tener un hijo con su pareja! Y yo quería ayudarla, porque sé que será una gran madre. Y no me equivoqué. Mira ahora, su chica la ha dejado por otra... y ella va a seguir adelante como madre soltera. Y yo estaré ahí para ayudarla en lo que pueda.

JUAN   ¿Como... padre?

JOSE   Como amigo.

JUAN   ¿Pero cómo no te vas a hacer cargo de tu hijo?

JOSE   Juan, es «su» hijo. Ese es el acuerdo al que llegamos. Yo no me haré cargo de nada. A no ser que ella me necesite.

ÁNGEL   (*Tras un silencio general.*) ¿Y no te gustaría...?

JOSE   A ver, yo no descarto ser padre... pero no ahora. Algún día. Cuando sienta que estoy preparado.

JUAN   ¿Pero cómo va a criar ella sola a ese niño? Si trabaja en el ejército...

JOSE   Lo dejó hace años. Ha montado su propio negocio. Un bar...

ÁNGEL   ¿Lésbico?

JOSE   ¿Algún tópico más?

ÁNGEL   Perdón… ¿Y de qué es el bar?

JOSE   (*Tras una pausa, cabreado.*) ¡Lésbico! (*Pausa.*) Y le va muy bien. Miradme. Yo estoy muy tranquilo, porque sé que tiene buenos recursos económicos para darle la mejor educación, todo lo que necesite…

JUAN   ¿Pero tú te estás escuchando? ¿Vosotros lo estáis escuchando? Ángel, dile algo.

ÁNGEL   Yo tuve un cactus y se me murió de sed. No creo que sea la persona más apropiada para hablar de cuidados y paternidad.

ANDRÉS   Perdón, pero… sigo sin entender cual es el problema.

JUAN   Que un hijo no es solo tener dinero para sacarlo adelante. Es esfuerzo, sacrificio… Que no es una familia…

JOSE   ¿Como la tuya?

JUAN   (*Furioso, se contiene.*) ¿Qué quieres decir?

JOSE   Que tú y tus hermanos os habéis pasado media vida jodidos porque tu padre se la pegaba a tu madre con la primera que pasaba. Y tú mismo nos decías que ni la quería, ni la respetaba…

ÁNGEL   Jose…

JUAN   ¡No metas a mi familia en esto!

JOSE   Lo que te quiero decir es que no existe la familia perfecta. Y aún menos esa a las que te refieres, donde, debajo de las apariencias, son un desastre disfuncional. Juan, avanza, evoluciona... Estamos en el 2020 y, afortunadamente, hay muchos tipos de familia y no todas tienen que estar compuestas por un hombre, una mujer, dos hijos y una casa en el campo.

JUAN   Yo... solo digo que ser padre es muy duro.

JOSE   ¿Qué crees? ¿Que no hemos hablado de todo esto durante años? ¿Cuántos inconscientes hay por ahí trayendo niños a este mundo sin pararse antes a contemplar todos los sacrificios y esfuerzos que supone? Sin tener una capacidad económica, tiempo o estabilidad para criarlos... O amor... Pero ese no es el caso de Luna. ¿O que pasa? ¿Que por ser gay o madre soltera va a ser peor madre?

ANDRÉS   Las cosas han avanzado mucho.

JOSE   ¿Tú crees? ¡Abre los ojos! Cada vez retroceden más...

ÁNGEL   Bueno, ¿y como lo hicisteis? ¿Por «jeringazo»? ¿O es que por fin le has tocado... el piano?

JOSE   ¿Acaso importa?

JUAN
/ÁNGEL
ANDRÉS   ¡Sí!

JOSE   Está bien. Fue... ¡una noche muy bonita!

JUAN   ¡No me lo puedo creer!

ÁNGEL   Jose y Luna... ¡Por fin!

ANDRÉS   ¿De cuanto tiempo está?

JOSE   Siete meses y medio.

ANDRÉS   ¿Y ya sabe si será niño o niña?

JOSE   Es un niño.

ÁNGEL   ¡¿En serio!? ¿Y como lo va a llamar? Ángel es
           un buen nombre.

JOSE   Aún no lo sabe.

ÁNGEL   O... Jon Bon Jovi.

JUAN   O Anakin.

ÁNGEL   Sí... total, sus padres ya han visitado el lado
           oscuro...

JOSE   Aún está barajando opciones.

ANDRÉS   ¿Como cuáles?

JOSE   Adonis.

ÁNGEL   ¿Adonis? (*Aguanta la risa.*) ¿Nos estás dicien-
                do que quiere llamar a su hijo Adonis?

JOSE   Sí. ¿Qué pasa?

ÁNGEL   ¡Nada! Que le van a retirar la custodia del feto
                antes de que nazca.

ANDRÉS   Pues a mí me parece bonito. ¿Le gusta la cul-
                tura clásica?

JOSE   No. Rocky.

                (ÁNGEL *lo mira, extrañado.*)

ÁNGEL   ¿Rocky?

JOSE   La película. El boxeador. Adonis es el hijo del
                Apolo.

JUAN   ¿Y al perro como lo va a llamar? ¿Stallone?

JOSE   No. Rambo.

ÁNGEL   Se nota que Luna no ha olvidado su paso por
                el ejército.

JOSE   ¿Queréis ver una foto? Ahora hacen unas eco-
                grafías muy precisas.

(*Les enseña la ecografía en el móvil y todos se lo van pasando.*)

ANDRÉS   (*Sobresaltado.*) ¡Guau!

JOSE   ¿Qué?

JUAN   ¡Vas a tener un hijo de plastilina! La verdad es que da un aire a Bon Jovi.

ANDRÉS   Es... como en Alien.

ÁNGEL   (*Coge la foto.*) ¡Joder!

JOSE   ¿Qué pasa?

ÁNGEL   Nada, nada... Estoy convencido de que será un adonis... ¡Algún día!

JOSE   Con los niños nunca se sabe. Cuando empiezan a crecer... ¡te sorprenden!

ANDRÉS   ¿Más aún?

JUAN   (*Cabizbajo.*) Venga, no seáis así. Que eso luego cambia mucho.

JOSE   ¿Seguro que estás bien?

JUAN   (*Tras una pausa dramática.*) Emily y yo nos separamos hace dos meses.

ANDRÉS   Pero eso... fue antes del confinamiento.

JUAN   Así es. Por eso quise venir a España.

ÁNGEL   Entonces... ¿no era por mi estreno? Si es que ya me extrañaba a mí.

JUAN   También. Pensé que un cambió de aires durante unos días me vendría bien.

JOSE   ¿Y cómo no nos has dicho nada?

JUAN   No sé. Supongo que... Creía que todo se arreglaría. Y luego el tiempo fue pasando y... no he encontrado el momento.

JOSE   ¿No has encontrado el momento? ¿En un mes y pico encerrados, y viéndonos las caras todos los días no has encontrado el momento?

ÁNGEL   Eh! Tómate el tiempo que necesites para hablar. Y cuando estés preparado y quieras hacerlo, aquí estaremos. (*Pausa.*) Bueno, ¿entonces quien se apunta al concierto de Malú? (ANDRÉS *y* JOSÉ *lo miran. A* JUAN.) Oye, y si sientes que ese momento es ahora...

JUAN   Es que no puedo evitar pensar en que... he fracasado.

ÁNGEL   Pues sí. Es ahora.

JUAN   No es fácil reconocer todo eso a tus amigos los triunfadores a los que no has visto en años.

ÁNGEL   ¿Pero tú a qué triunfadores ves aquí? Este ha dejado embarazada a una lesbiana militar y el becario no puede pagarse ni el metrobús, con lo que le pago...

JUAN   Es verdad.

ÁNGEL   Y yo... (*Parece que va a confesar algo importante, pero cambia de idea.*) Mira, Ahora solo tienes que reencontrarte contigo mismo. Resetear.

JUAN   ¿Y eso cómo se hace?

ANDRÉS   ¡Con esto!

            (ANDRÉS *coge el móvil de* JUAN.)

JUAN   ¿Qué haces con mi teléfono?

ANDRÉS   ¡Descargarte Tinder! (*Le entrega el teléfono.*) Aquí encontrarás a miles de chicas con las que poder pasar página.

JUAN   No sé si sabré hacer esto. Yo soy de la vieja escuela. De salir a un bar, tomar una copa...

ANDRÉS   Este es el bar más grande que vas a encontrar.

ÁNGEL   Pero no pienses que es Lourdes. Seguro que follabas más en tu vida de casado.

JUAN   Mirad, la vida sexual de los casados es como la Cocacola. Primero, normal; despues, light; y, finalmente, zero.

ÁNGEL   Eso no es verdad. Los casados follan muchí-simo.

JOSE   ¿Y tú que sabrás?

ÁNGEL   La mitad de mis amantes están casadas.

JUAN   Bueno. (*Mira el móvil.*) ¿Esto cómo va?

ANDRÉS Lo primero es hacerse un perfil. ¿Tienes algu-na foto chula?

JUAN   (*Busca una y se la enseña.*) Esta me gusta mu-cho.

JOSE   Tío, ahí tenías quince años.

JUAN   ¿Mejor esta otra?

ANDRÉS ¿Con tu ex y tus hijas?

JOSE   No, tío. (*Pausa.*) ¿No tienes ninguna en pe-lotas?

JUAN   ¡Qué dices!

ÁNGEL   Quiere decir en el gimnasio. Que a Jose se le olvida que el Tinder hetero no es como el Grinder.

JUAN   A ver, tengo esta en el gym. Pero estoy sudando como un cerdo.

ANDRÉS   Esa servirá.

JOSE   Sí, lo cerdo vende.

ANDRÉS   ¿Nombre?

JUAN   Juan.

JOSE   No, hombre. Tienes que ponerte un alias.

JUAN   ¿Como 007?

ANDRÉS   ¿Por qué no buscas algo más... exótico?

ÁNGEL   ¡Ponte Adonis!

JOSE   ¡Eh!

ÁNGEL   ¿Qué pasa? Así comprobamos si tiene una buena acogida…

JUAN   Anakin.

ÁNGEL   O Chewacca. Ya puestos...

JUAN   Romeo. (*Se ríen.*) ¿Qué pasa?

ANDRÉS   Nada, Juan. Es... una buena elección.

ÁNGEL   Sí, date prisa o Jose te lo roba y se lo pone a su hijo.

JOSE   No es mi hijo.

ÁNGEL   Ya me entiendes...

ANDRÉS   Y ahora... Solo tienes que ir haciendo *match* en las Julietas... Quiero decir... Chicas. En todas las chicas que te gusten. Dale al corazoncito. Y cuando ella haga lo mismo, podréis empezar a hablar.

JOSE   ¡Mira! Ya hay una que te ha hecho *match*.

JUAN   Joder. ¿Y qué le digo? Ángel, ponle tú algo, que eres escritor.

ÁNGEL   Eso tiene que salir de ti. A ver, mira su foto... ¿Qué te inspira?

JUAN   Que está buena.

ÁNGEL   Vale, mejor empieza elogiando algún detalle, algo de lo que lleva puesto. A ver, por la foto parece una chica elegante y chic, lleva una sofisticada boina francesa. Elogia eso.

JUAN   Esa es buena. (*Pausa. Teclea.*) ¡Mola tu gorro!

ÁNGEL   ¿Pero qué le has puesto, zoquete?

JUAN   Pues lo que tú me has dicho.

ÁNGEL   Creo que será mejor que le des al mayor número posible para que aumenten tus probabilidades. Es cuestión de estadística…

JUAN   (*Casi se cae del susto.*) ¡Hostias! ¡Leticia Sabater! ¡Ya está, se acabó!

ÁNGEL   ¿Por qué? A medio día… ¡Alegría!

JUAN   Que no, coño… ¿Qué me espera ahora? ¿Miles de rollos de una noche, como los vuestros, que no significan nada?

ÁNGEL   Eh, ¡un respeto a los rollos de una noche!

JOSE   Yo ya ni me acuerdo de cómo eran…

ANDRÉS   (*Sentado a su lado. En voz baja.*) Pues será porque no quieres. No creo que tú tampoco tengas muchos problemas para ligar…

            (*Ahora sí,* JOSE *reconoce el «tejo». Pero, antes de que diga nada, nota algo que le molesta en el sofá. Busca con la mano.*)

JOSE   ¿Pero qué coño es est…? ¡Joder!!

            (*Saca el «bote de crema» de* ÁNGEL. *Lo suelta con asco.*)

ÁNGEL   (*Lo coge, encantado.*) Anda, estaba ahí. Ya podía yo buscarlo…

JOSE   (*Cabreado.*) ¿Pero cómo dejas esto aquí, so guarro?

ÁNGEL   Te recuerdo que no tengo habitación donde guardar mis cosas.

JOSE   Pues guárdalo en tu maleta.

JUAN   Claro... Se puede salir la crema y manchar el sofá.

ÁNGEL   ¿Qué crema?

JOSE   ¡Eso es un consolador, Juan!

JUAN   ¿Un qué?

(ANDRÉS *empieza a reírse.*)

JOSE   Un aparato donde metes tu... Le das al vibrador... Y te relajas.

JUAN   ¡No!

ÁNGEL   ¡Deberíais probarlo!

JUAN   Entonces, lo que había dentro era tu...

ÁNGEL   Es el único coñazo, tener que limpiarlo cada vez....

ANDRÉS   ¡Tranquilo, Juan!

JUAN   ¡No! ¡No! ¡No!

(Sale de escena a toda prisa.)

ÁNGEL   Venga, Juan. No te pongas así. Ni que te lo hubieras puesto en la cara...

(ANDRÉS no puede parar de reírse. Entra JUAN, frotándose la cara con una toalla como si no hubiera un mañana.)

JUAN   ¡Te voy a matar!

ÁNGEL   ¿Qué?

JUAN   *(A ANDRÉS.)* Y a ti también.

ANDRÉS   Te juro que no sabía lo que era. El mío tiene forma de huevo.

JOSE   ¿Pero qué está pasando?

JUAN   *(Mientras persigue a ANDRÉS.)* ¡Me dijiste que era una crema!

ANDRÉS   ¡Y yo que sabía!

ÁNGEL   ¡Espera! Te has puesto mi... ¡En la cara!

JUAN   ¡Pensaba que era tu crema!

ÁNGEL   Desde luego, era el proveedor.

JUAN   ¡Os mato! (JOSE *empieza a reírse de manera des-
              controlada.*) ¡No tiene gracia! ¿Podéis parar
              de reíros?

              (JUAN y ANDRÉS *se persiguen como dibujos ani-
              mados hasta que* JUAN *lo agarra... y empiezan
              a pelear en serio hasta que* ANDRÉS *no puede
              más.*)

ANDRÉS   ¡Basta! Por favor... (*Grita con todas sus fuer-
              zas.*) ¡¡Basta!! (*Se sueltan.*) Llevo más de un
              mes conviviendo con vosotros y no he para-
              do de escucharos... Discutir, decir gilipolle-
              ces sobre temas triviales y comportaros como
              niñatos malcriados. Estaba deseando que lle-
              gara el momento de ver de una vez por todas
              a los amigos de los que me hablaba Ángel...

JUAN   Tú no te fíes mucho de lo que te diga este.

ANDRÉS   Lleváis años sin veros y ahora tenéis la opor-
              tunidad de recuperar algo muy especial: vues-
              tra amistad.

JOSE   Hay cosas que no se pueden forzar.

ANDRÉS   Y otras que se pueden, y se deben recuperar.
              Lo único que tenéis que hacer es... hablar.

              (*Se produce un silencio incómodo. Por un segun-
              do, parece que sus palabras han calado hondo.*)

ÁNGEL   (*Mira el reloj.*) ¡El concierto de Malú! Andrés, lo veo en tu cuarto.

(*Sale.*)

JUAN   Yo voy a darme un baño… ¡Con lejía!

(*Sale.*)

JOSE   (*Coge un abrigo.*) Voy a dar una vuelta.

ANDRÉS   (*Preocupado.*) ¿Qué? No puedes… Te detendrán…

JOSE   ¿Y? ¿Qué van a hacer, encerrarme?

(*Sale, dando un portazo.* ANDRÉS *se queda solo y muy triste. La luz funde a negro.*)

Acto IV
Mayo

Se escucha música seguida de unos aplausos. Entran ÁNGEL *y* ANDRÉS.

ÁNGEL   ¡Gracias, España!

ANDRÉS   Pero que no te aplauden a ti. Esto se hace por los sanitarios. ¡Es la última vez que salgo a aplaudir contigo! Venga a seguir con los preparativos de la fiesta. ¿Donde está el confeti que tenías que comprar?

ÁNGEL   No había.

ANDRÉS   ¿Dónde buscaste?

ÁNGEL   En el súper.

ANDRÉS   ¿En qué sección?

ÁNGEL   ¿En la del... confeti?

ANDRÉS   No me jodas que te has olvidado...

ÁNGEL   Mira el lado bueno, ya podemos darle uso a los doscientos rollos de papel higiénico que

tenemos guardados, y hacer lacitos de ador-
no. (*Pausa.*) ¿Qué pasa? ¿No te gusta como
está quedando?

ANDRÉS   Da igual.

ÁNGEL   No, no da igual. Recuerda lo que hablamos.
Mientras estemos aquí, yo no soy tu jefe. Eres
uno más de nosotros. Además, dije que me iba
a comprometer a colaborar un poco más y eso
intento. Así que dime... ¿Qué te parece? Sé
sincero.

ANDRÉS   Un horror.

ÁNGEL   Vale. Tampoco hacía falta que fueras tan sincero.

ANDRÉS   ¿Crees que le gustará a Jose? (*Mira el reloj,
agobiado.*) Debe de estar a punto de terminar
su sesión de yoga, va a salir del dormitorio en
cualquier momento...

ÁNGEL   Pues espero que lleve pantalones...

ANDRÉS   Y todavía ni te has vestido.

ÁNGEL   Yo paso de quitarme el pijama.

ANDRÉS   Pero tío...

ÁNGEL   Es absurdo. Me ve así todos los días. Y no me
pongo yo un disfraz hortera ni muerto.

ANDRÉS   Lo sé…(*Le entrega una chaqueta muy chula.*) Por eso cogí esto de tu maleta.

ÁNGEL   (*Encantado.*) ¿Mi chaqueta de Top Gun?

ANDRÉS   Y gafas a juego. Y habrá fotos, que subiré a tus redes sociales.

ÁNGEL   (*Se prueba la chaqueta y las gafas.*) Eres el mejor.

ANDRÉS   A ver si esto te anima. Que últimamente estás un poco plof… ¿Es por lo floja que ha sido la acogida del estreno de tu película en plataformas?

ÁNGEL   ¿Floja? Dilo claramente, ha sido un fracaso. La peña no tiene nada que hacer en todo el día más que inflarse a ver pelis en su casa. Y de la mía han pasado… Aunque… te confieso que no me ha importado tanto como imaginaba.

ANDRÉS   Venga, anímate. ¿Por qué no aprovechas este tiempo y vuelves a escribir?

ÁNGEL   ¿Para qué? Toda nuestra industria se va a la mierda.

ANDRÉS   ¿Qué dices?

ÁNGEL   Andrés, hay un virus mortal que se coge respirando en espacios cerrados. ¿Lo pillas? Como las salas de cine y los teatros. Y si los cierran para siempre… Todos al paro. ¿De qué coño vamos a vivir ahora? ¿Para qué voy a molestarme en escribir nada?

ANDRÉS   ¿Ves? Necesitas una buena fiesta.

ÁNGEL   Sí, el fiestón del siglo…. No sé como nos has podido convencer. Nosotros no celebramos los cumpleaños.

ANDRÉS   ¿No? (*Cae.*) Claro, lo entiendo… Los cuarenta, a la vuelta de la esquina. El fin de la juventud…

ÁNGEL   Que no es eso, anormal. (*Pausa.*) La noche que Carlos se suicidó, le habíamos preparado…

ANDRÉS   (*Cae en la cuenta.*) ¡Una fiesta sorpresa de cumpleaños! ¿Pero seré imbécil? ¿Cómo no he caído? Con la de veces que he visto tu obra… ¿Por qué no me habéis dicho nada?

ÁNGEL   Se te veía tan ilusionado con la fiesta…

ANDRÉS   ¡Dios mío, soy lo peor! Voy a joderle el día…

ÁNGEL   Lo dudo. Me da a mí que se lo vas a alegrar… Venga, ayúdame con los adornos. Iríamos más rápido si Juan se dignara a echarnos una mano.

ANDRÉS   Está haciendo una videollamada con su familia.

ÁNGEL   ¿Y tenía que hacerla justo ahora?

ANDRÉS   No debe ser fácil estar tanto tiempo separado de sus hijas, y más en pleno proceso de divorcio.

ÁNGEL   ¿Podemos pasar un día sin hablar del puñetero divorcio? ¡No aguanto más! En todas las rupturas, todo el mundo se hace las mismas preguntas: ¿quién está sufriendo más con la separación? ¿Quién lo está llevando peor? Pues te lo digo yo: ¡Sus amigos! Los que lo aguantamos día y noche hablando de lo mismo. Nosotros somos las verdaderas víctimas de su divorcio.

ANDRÉS   Bueno, parece que poco a poco lo va asimilando. No creo que le dure mucho más el duelo. Ya se le ve mucho más relajado. Créeme, tengo buen ojo para estas cosas...

JUAN   (*Entra como un mihura.*) ¡Yo me cago en mi puta vida! ¿Pero qué poca vergüenza es esta?

ÁNGEL   (*A* ANDRÉS.) Sí, se nota que tienes vista de lince.

ANDRÉS   (*A* JUAN.) ¿Todo bien?

JUAN   ¡No! Llamo a mi mujer para hablar con las niñas. Lo coge para decirme que no pueden ponerse porque están echando la siesta y, de repente, veo que pasa por detrás nuestro capataz.

ANDRÉS   Habrá ido a echarles una mano para algo.

JUAN   ¿En calzoncillos?

ÁNGEL   (*Sin saber muy bien qué decir.*) Bueno..., ya es-
          tamos en primavera. Hace calor...

JUAN   ¡Vivimos en Edimburgo! Allí el único calor
          que hay es el que desprende su cuerpo. Mi-
          rad, he hecho una captura.

          (*Se la enseña.*)

ANDRÉS   ¡Joder!

ÁNGEL   Sí. Qué calzoncillos más feos.

JUAN   ¡Ese mamón se está tirando a mi mujer!

ÁNGEL   No saquemos conclusiones precipitadas. Lo
          mejor es que hables calmadamente con Emily
          de lo que has visto.

JUAN   ¡Lo he hecho!

ÁNGEL   ¡Así me gusta! ¡Coge el toro por los cuernos!

JUAN   ¿Qué?

ANDRÉS   Bueno, ¿y qué te ha dicho?

ÁNGEL   ¡Eso! ¿Cómo has toreado la situación?

ANDRÉS   Creo que es mejor pasar de las analogías taurinas.

JUAN   ¡Me ha dicho no es asunto mío! Que no es asunto mío... ¡Y me ha colgado! Hay un tío paseándose en gayumbos por mi casa y... ¡¿No es asunto mío?!

ANDRÉS   Vale, está claro que ahora no vas a poder hacer nada. Así que... respira hondo, ve a quitarte ese pijama...

JUAN   ¿Para qué quieres que me quite el pijama? ¿Para mandárselo al tío ese?

ANDRÉS   No, para la fiesta de Jose.

JUAN   ¿Era hoy? Joder... (*A lo suyo.*) A mí todo esto me da un mal rollo...

ÁNGEL   Eso mismo le he dicho yo.

ANDRÉS   Está bien, ¡Se acabó! Mira, Juan, siento mucho lo que te ha pasado. Y te prometo que aquí nos tendrás para ayudarte a sobrellevar esta situación, pero... Ángel también está jodido, y yo llevo tres meses encerrado con vosotros en esta bendita casa y ya está todo preparado. Así que solo podemos hacer dos cosas: intentar que esto salga bien o... emborracharnos. Así que fuera ese pijama mugrientos, te vas a poner bien guapo con este disfraz (*Le estampa una caja en los brazos.*) y vais a bailar como nunca antes lo habéis hecho.

ÁNGEL   ¿De dónde has sacado eso?

ANDRÉS   De una caja del trastero.

JUAN   (*Mira su esperpéntico disfraz.*) ¿Y mi disfraz tenía que ser de «La sirenita»?

ANDRÉS   ¿Es de La sirenita? Pensaba que era el sombrero del duende verde.

JUAN   ¡Esto es una cola de sirena! (*Empieza a ponerse el disfraz. Suspicaz.*) ¿Y qué hago yo con un disfraz de sirena?

ÁNGEL   (*A* ANDRÉS.) ¿Y tú de qué vas?

ANDRÉS   Yo he encontrado esta capa negra que va a juego con mi careta. (*Se la pone.*) ¿A que mola?

ÁNGEL   No me explico cómo sigues soltero.

ANDRÉS   (*Se quita la careta.*) Algo me dice que acabaré con pareja antes que tú.

ÁNGEL   Cuando los sapos bailen flamenco.

ANDRÉS   No lo pillo…

ÁNGEL   Marta Botía… ¡«Ella baila sola»!

ANDRÉS   Eh… Yo es que de ballet no entiendo.

JUAN   No es de su generación.

ÁNGEL   Bad Bunny tampoco lo es de la mía, pero sé quien es.

JUAN   ¿El conejo de la Warner?

JOSE   (*Entra inesperadamente.*) ¿Pero qué estáis haciendo?

ANDRÉS   Nooo.

JUAN
/ÁNGEL   ¡Sorpresa!

JOSE   (*Sin mucha ilusión.*) Os habéis acordado…

ÁNGEL   Bueno, ha sido cosa de Andrés.

JOSE   ¿En serio?

ANDRÉS   Bueno… Han sido solo cuatro tonterías.

JOSE   ¿Cómo sabías cuándo era mi cumpleaños?

ANDRÉS   Lo mencionaste hace unas semanas cuando estabas hablándonos de los horóscopos y… lo apunté.

JOSE   (*Emocionado, a su pesar.*) Estás en todo, ¿eh?

ANDRÉS   Recuerda que soy becario en prácticas de producción.

JOSE   No sé que decir... La verdad es que hace años que no celebro mi cumpleaños. Desde...

ÁNGEL   (*Lo interrumpe.*) Pues ya va siendo hora de que volvamos a celebrar.

JOSE   Gracias, tíos. (*Pausa.*) Gracias, Andrés.

ANDRÉS   Todos hemos aportado algo. Ángel ha hecho la decoración...

JOSE   Eso tiene sentido, porque más que un cumpleaños parece la fiesta del apretón, con tanto papel del váter...

ÁNGEL   Es decoración imaginativa.

JOSE   ¿Pero de qué vais vestidos? (*Molesto, a* ANDRÉS.) ¿Y por qué llevas puesta mi toga?

ANDRÉS   Es una fiesta de disfraces...

JOSE   (*A* ANDRÉS.) ¿Y querías ir de abogado?

ANDRÉS   ¡Eso! (*Avergonzado. Se da cuenta de que está muy enfadado.*) No pensé que te molestara... Siento haberla cogido.

JUAN   Y tu disfraz del *Orgullo*.

JOSE   Pero qué dices… (*Los examina.*) Es para la despedida de soltero de un amigo del bufete. (*Aclara.*) ¡Un amigo hetero!

ANDRÉS (*No sabe dónde meterse.*) Lo… lo siento…

        (JOSE *desaparece en el dormitorio, aparentemente hecho una furia.*)

JUAN   Pues qué cagada, ¿no?

ÁNGEL   ¿«Tu disfraz del Orgullo»?

ANDRÉS (*A punto de llorar, se quita la toga y corre a la puerta del dormitorio.*) ¡Jose, lo siento muchísimo! Perdóname. Toma tu toga, no la he manchado ni nada…

        (*De pronto, reaparece* JOSE. *Se ha quitado toda la ropa. Solo lleva puesta una túnica que ha improvisado con una sábana.*)

JOSE   Póntela, hombre. Te queda mejor que a mí. (*A* JUAN y ÁNGEL.) ¿Qué pasa? Soy un senador romano. Fiesta temática…

        (ANDRÉS *sonríe, aliviado. Y, además, se fija –¿más de la cuenta?– en el cuerpo de* JOSE.)

ÁNGEL   (*Le rodea los hombros con el brazo.*) Qué grande eres, cuando te pones…

ANDRÉS   (*Animado, feliz.*) Tenemos muffins, pasteles, brownie de cocholate, bebidas...

JUAN   Genial. Porque yo necesito un copazo.

JOSE /ÁNGEL   ¡Pero si tú no bebes!

JUAN   Pues ahora, sí. (JUAN *coge una botella.*) ¿Qué es esto?

ANDRÉS   Jagermeister.

JUAN   ¿Y eso qué es?

JOSE   Una bebida que utilizaban los nazis para hacer hablar a los presos...

JUAN   Perfecto.

(JUAN *bebe un vaso de un trago y se sirve otro.*)

ÁNGEL   (*A* JOSE.) Es que ha descubierto que Emily está con otro.

JUAN   ¡Con mi capataz!

JOSE   ¿Teníais un capataz y todo?

ANDRÉS   Por lo visto, sí.

JOSE   Joder con la granjita de Playmóvil...

JUAN   Esa hija... de una hiena me ha colgado el teléfono. ¿Por qué me cuelga el teléfono?

ANDRÉS   Habrá sido un pronto.

ÁNGEL   Claro, un calentón.

JUAN   ¡¿Un calentón?! (*A* ANDRÉS.) Ponme otro Mick Jagger. Para que baje el *brownie*. Es que están un poco secos.

ANDRÉS   ¿Te traigo un poco de leche para mojarlo?

ÁNGEL   O para la cara...

    (JUAN *hace un amago de pegarle, pero no se puede levantar.*)

JUAN   Pero... ¿Por qué me odia? Si desde que nos conocimos hice todo lo que me pidió. Todo lo que ella quería. Dejé a mi familia, a mis amigos en España. Dejé mi trabajo, me mudé al campo... ¡Al campo! Yo que odio a los bichos, a la flora, la fauna... y a su puta madre.

JOSE   A lo mejor no supo valorarlo.

JUAN   Iba al gimnasio por ella. Para seguir manteniéndome atractivo...

ÁNGEL   ¿En serio? Y... ¿te cobraban mucho?

JUAN   Para que dejara de decirme que parecía un vie-
jo. Cuando lo que más me envejecía era tener
que tragarme todas esas novelas turcas que
ponía la puta vieja.

ÁNGEL   A mi madre también le encantan.

(*Todos se han lanzado a devorar los brownies.*)

ANDRÉS   ¡Y a la mía!

JUAN   ¿Y qué hace ella? Se tira al capataz de los gayumbos de abuelo. (*Pausa.*) Llegué hasta un
punto en el que ya no sabía quien era yo.
¿Cómo he podido cambiar tanto en tan pocos
años?

ÁNGEL   (*A* JUAN, *muy serio.*) ¿Sabes qué? No hay nadie
en este mundo que merezca que renuncies a
ser tú mismo.

(*Coge un par de brownies, se sienta algo apar-
tado de sus amigos y empieza a devorarlos.*)

JUAN   ¿Y sabéis lo que me dijo cuando me dejó? Que
ya no estaba enamorada de mí porque ya no
soy el mismo que era cuando nos conocimos.
¿Pero qué más quiere de mi esa hija de...? (*Suena un móvil.*) ¡Su madre!

JOSE   Bueno, deja a su madre en paz, que tampoco
tiene la culpa.

JUAN   No. Que me está llamando. Su madre me está llamando. ¿Quién ha invocado el nombre de esa bruja tres veces delante de un espejo?

JOSE   Pero... ¿no decías que era adorable?

JUAN   ¡Mentí! ¿Es que conoces a alguna suegra adorable?

ANDRÉS   Eso son tópicos y leyendas urbanas.

JUAN   Ella es una leyenda urbana en sí misma. Si cada vez que se pasea por la granja los animales se esconden y los lobos aúllan. Esa mujer haría temblar al Jeeper Creeper y a Candyman juntos.

ANDRÉS   Pues sí, parece que te cae bien.

JUAN   Típico. Su hija me cuelga el teléfono y ahora ella me llama para hacer el trabajo sucio. Pues ahora soy yo el que te cuelga el teléfono, vieja bruja. (*Pausa.*) ¿Cómo he podido estar casado con esa mujer? ¡Y con su madre! (*Pausa.*) Las relaciones son una trampa mortal que nos condena a tener una memoria selectiva. Cuando empiezas una, piensas que no hay nadie en el mundo que pueda ser tan feliz, y cuando la acabas... No eres capaz de recordar el último instante en el que fuiste feliz. Y ahora... ¿Quién me devuelve todos esos años perdidos?

ÁNGEL   (*Se acerca para coger más brownies, se ha ter-
         minado los suyos.*) No los has perdido. Qué-
         date con lo bueno que te ha dado. Con... (*No
         se le ocurre nada.*) ¡Tus alpacas!

JOSE   Tus hijas.

ÁNGEL   ¡Eso!

JUAN   Jose, escucha bien lo que voy a decirte, por-
         que solo creo que pueda decirlo una vez y
         dudo que algún padre del mundo tenga el va-
         lor de decirte la verdad sobre este tema. ¿Sa-
         bes lo que pienso cada vez que veo a mis hi-
         jas? ¿Cómo aquello que más quiero en el mun-
         do ha podido arrebatarme los mejores años de
         mi vida, mis años de juventud que ya nunca
         volverán? Y ahora...

ÁNGEL   No estás pensando lo que dices. Los nazis esos
         están empezando a hablar por ti...

         (*Llena un plato de brownies y vuelve a su esqui-
         na.* JOSE *lo sigue y se sienta a su lado.*)

JOSE   Mira, ya que estamos con el *jagger* este de la
         verdad... Llevo semanas queriendo decirte
         algo, pero nunca es buen momento... Sé que
         te dolió que no fuéramos al estreno de tu
         obra...

ÁNGEL   Déjalo, no quiero hablar de eso. No es el mo-
         mento.

JOSE   (*A quemarropa.*) Sí que estuve.

ÁNGEL   (*Alucina.*) ¿Quééé? ¿Y por qué no me lo dijiste? ¿Por qué no pasaste a verme?

JOSE   Quise hacerlo, pero supongo que estaba un poco en *shock*. Y... estabas con tu chica... No quise molestar.

ÁNGEL   La verdad es que tengo todo aquello un poco borroso. Ya ni recuerdo cuál de mis novias era...

JOSE   Sí, hombre... La modelo aquella.

ÁNGEL   Pues como no me des alguna pista más...

JOSE   ¿Pero tú con cuántas modelos has salido? (*Pausa.*) En fin, pensé que querrías estar con... otros famosos...

ÁNGEL   No me jodas... ¡Qué perra tiene todo el mundo con el rollo ese de la fama!

JOSE   Entiende que es un mundo completamente ajeno a nosotros...

ÁNGEL   Está bien. ¿Queréis saber cómo es de verdad? (*Sonríe, triste.*) Te sientes... como si viajaras en un tren que va a toda velocidad, que no puedes parar. Te dejas deslumbrar por los focos, los regalos, los halagos... Y un día te levantas y te preguntas: ¿en quién me he convertido?

¡Dios! Si supierais lo harto que estoy de todo...
Lo harto que estoy de mí mismo...

(*Rompe a llorar, quedamente, furioso.*)

JOSE   (*Preocupado.*) ¿Qué te pasa?

(*Hay una larga pausa. Le cuesta mucho hablar de ello. Todos lo rodean, intrigados.*)

ÁNGEL   Sufrí dos intentos de abuso por parte de mi representante.

JOSE   ¿Quééé? Qué hijo de puta...

JUAN   Pero... ¿como el acoso que sufren las mujeres?

ÁNGEL   Sí, Juan. Los hombres también podemos sufrirlo. Aunque no se comente tanto... No pretendo equipararlo, sé que no es lo mismo, pero... ¡Joder!

ANDRÉS   ¿Pero cuándo te pasó eso?

ÁNGEL   La primera vez tenía unos años más que tú. Y la última, hace seis meses.

JOSE   ¿Y después de la primera vez, seguiste con él todos estos años?

ÁNGEL   Aunque suene a tópico, era joven y tenía miedo.

JUAN ¿Miedo? ¿Un tío como tú?

ÁNGEL Sí, Juan. Siento decirte que lo fuerte que puedas estar no tiene nada que ver con el miedo que puedas tener a que alguien vaya diciendo mentiras sobre ti, que vaya mellando tu reputación y que te joda la carrera. Y te aseguro que el cabrón ha hecho todo lo posible...

JUAN No creerás que ha montado una pandemia para joderte el estreno... (JOSE *lo mira mal.*) Perdón. Es que me cuesta imaginarte...

JOSE ¿Lo denunciaste?

ÁNGEL No, ya no puedo.

JOSE ¿Cómo que no? Estos delitos no prescriben. Además, seguro que esto mismo le ha pasado a más gente. A lo mejor podrías buscar...

ÁNGEL No puedo.

JOSE ¿Por qué no vas a poder?

ÁNGEL Porque está muerto.

JUAN ¡Te lo has cargado!

ANDRÉS ¿Covid?

ÁNGEL Murió de sobredosis en una sauna, mientras participaba en una orgía.

JOSE   Qué muerte más jodida…

JUAN   ¡Y tanto!

ÁNGEL   Y lo peor es que nadie se dio cuenta hasta horas después…

JUAN   ¡Qué horror! ¡Necrofilia involuntaria!

JOSE   (*A* ÁNGEL.) Aún así podrías…

ÁNGEL   De verdad que lo único que quiero es olvidarlo. Bastante mal lo he pasado durante años… ¿Y todo para qué? Por una carrera que en realidad ahora creo que nunca me hizo feliz… ¿En qué momento perdí el rumbo? Si yo lo único que quería era… contar historias.

JOSE   (*Tras una tensa pausa.*) Creo que nunca llegué a darte las gracias por escribir la obra. Sé que bromeo mucho con lo de que utilizaste nuestras vidas, pero lo cierto es que en estos años la he leído varias veces…

ÁNGEL   ¿En serio? (*Bromista.*) ¿No lo entendiste a la primera?

JOSE   Lo cierto es que me ayudó a colocar algunas cosas en su sitio. A entender otras… A sanar muchas heridas y, lo más importante, a perdonarme a mí mismo. (ÁNGEL *se emociona.*) Pues a lo mejor esa es otra buena manera de denunciar. Volviendo a escribir. Contando tu historia, y dándole voz a otros que hayan pasado por lo mismo que tú.

JUAN   Aquí nos tienes para lo que necesites.

ANDRÉS   ¡Por fin!

ÁNGEL   ¿Qué?

ANDRÉS   Por fin empezáis a hablar como tres amigos de verdad.

ÁNGEL   Os quiero, tíos.

JOSE
/ÁNGEL   Y yo.

(*Se abrazan los tres.* ANDRÉS *se dispone a marcharse.*)

JOSE   (*A* ANDRÉS.) ¡Eh! ¿Adónde vas?

ANDRÉS   A mi habitación. Creo que será mejor que os deje solos.

JOSE   De eso nada. Aquí no hay tres amigos. Hay cuatro.

ANDRÉS   (*Se une al abrazo, emocionado.*) ¡Yo también os quiero!

JUAN   Pues yo me estoy poniendo malísimo.

JOSE   Ya salió el machirulo...

JUAN   Que no... Es que todo va muy rápido y me estoy mareando.

ÁNGEL   Pues a mí me está entrando un bajón... Todo va tan leeeento...

JOSE   Yo también me siento un poco raro. A ver si vamos a tener Covid.

ANDRÉS   ¡Que no! Que eso es por la maría.

ÁNGEL   ¿Qué maría? (*Cae.*) ¿Le has echado maría al brownie?

JUAN   ¿¡Qué!? ¡¡Nos has drogado!?

JOSE   ¡Ostras! Sí, ya la noto.

ANDRÉS   Es solo para animarnos un poco.

ÁNGEL   ¡Qué bueno!

JUAN   Ay...

JOSE   (*A* JUAN.) Tranquilo, que no te vas a morir por un poco de diversión. Ya decía yo que tenían un puntito familiar. Este sofá es taaan horroroso...

         (*Se empieza a descojonar.*)

JUAN   ¿Como has podido hacerme esto?

ÁNGEL   (*A* ANDRÉS.) ¿Cuánta maría echaste?

ANDRÉS   No lo sé. Creo que casi toda la bolsa.

JUAN   Tengo taquicardias. Necesito un médico. ¡Llevadme al hospital!

ÁNGEL   ¿Pero como vamos a ir a un hospital con todo lo que hay formado? ¡Y así vestidos!

JOSE   No nos van a hacer ni caso.

ÁNGEL   ¿Le hacemos el boca a boca?

JUAN   ¡Tú ni te me acerques!

ANDRÉS   Tranquilos, se le pasará en unas horas.

ÁNGEL   Eso lo soluciono yo. (*Busca en su neceser.*) Tengo aquí una pastillita...

JUAN   ¡Ni loco me tomo yo una de tus pastillas!

ÁNGEL   ¡Estas son relajantes! Para la ansiedad, que estás muy ansioso.

JUAN   ¿Qué quieres? ¿Que acabe muerto de sobredosis?

ÁNGEL   ¡Si son de herbolario! (JOSE *coge el bote de las pastillas y mira la composición.*) ¿Tú también quieres una?

JOSE   ¿Pero qué dices de herbolario? ¡Si esto es Orfidal!

ÁNGEL   Es mano de santo.

JOSE   ¿Pero cómo le das esto? ¡Que es súper adictivo!

ÁNGEL   Por una que te tomes no pasa nada. Además, vienen con receta.

JOSE   ¿De quién?

ÁNGEL   De la vecina de mi madre, que me las pasa. Yo las uso siempre para volar y oye, un viaje que flipas.

JUAN   ¿Con la mente? ¿En plan alucine?

ÁNGEL   No, en el avión. Voy relajadísimo…

JOSE   ¡Venga, todos a la cama! (JUAN *lo mira, alarmado.*) ¡Cada uno a la suya! (ÁNGEL *ayuda a* JUAN *a andar. Desaparecen hacia el dormitorio.* JOSE *y* ANDRÉS *permanecen sentados en el sofá.*) ¿Tú no te acuestas?

ANDRÉS   Es que... Con todo lo que ha pasado, no he podido darte esto.

         (*Le entrega un sobre.*)

JOSE   ¿Qué es?

ANDRÉS   Tu regalo de cumpleaños. (JOSE *lo abre. Contiene una hoja de papel que lee, extrañado.*) Te he comprado una estrella por internet.

JOSE   (*Alucinado.*) ¿Una qué?

ANDRÉS   Si sigues estas coordenadas y miras al cielo, hay una estrella justo ahí (*Señala en la hoja.*) que es tuya y a la que le puedes poner el nombre que quieras. (*Pausa.*) Sí, sé que es un poco ridículo, pero con todo esto del confinamiento, tampoco lo tenía muy fácil.

JOSE   (*Intenta disimular lo emocionado que está.*) No es nada ridículo. (*Se acercan. Están a punto de besarse... y suena el teléfono de* JOSE. *Contesta.*) Sí. Sí, soy yo. (*Alarmado, nervioso.*) ¿Qué? ¿Cuando?

         (*Pausa. Sombrío.*)

ANDRÉS   ¿Ha pasado algo?

JOSE   Es del hospital. Luna... ha tenido el niño...

ANDRÉS   ¿En serio? (*A gritos.*) ¡Ey, chicos! ¡Luna ha tenido el bebé!

JOSE   Pero... ¿Cómo?

(ÁNGEL, *en ropa de dormir, y* JUAN, *poniéndose un jersey que se le ha quedado atascado, se reúnen con ellos.*)

ÁNGEL
/JUAN   (*Con muestras de alegría.*) ¡Bieeen!

(*Se arma un enorme jaleo, y* JOSE *sale un segundo de escena para poder seguir hablando.*)

ÁNGEL   ¡Enhorabuena, tío! O sea, papá...

(JOSE *vuelve a entrar con aspecto serio y la cara desencajada.*)

JUAN   ¡Yo conozco esa cara! Esa es la cara que se te pone cuando eres padre.

JOSE   (*Angustiado. Niega con la cabeza.*) Luna... ha muerto.

ÁNGEL   ¿Quéééé? ¿De parto?

JOSE   Neumonía bilateral por Covid. (*Antes de que pregunten.*) El niño está a salvo. Cuando vieron que no podían hacer nada, le indujeron el parto.

(Tras el shock inicial, todos se acercan a él para abrazarlo. JOSE *los aparta rápidamente.)*

ÁNGEL   ¿Y qué va a ser ahora de él?

JUAN   ¿Lo van a dar en adopción? ¿Se va a hacer cargo su ex?

*(*JOSE *permanece callado, con cara de estar procesando algo antes de verbalizarlo para ellos.)*

JOSE   Por lo visto, después de su separación, Luna lo dispuso todo por si le pasaba algo... para que... Para que yo me hiciera cargo.

ÁNGEL   ¿Cómo?

JOSE   Me ha reconocido como el padre de su hijo.

JUAN   *(Tras un silencio.)* ¿Y qué vas a hacer?

JOSE   No lo sé. Ahora no puedo pensar con claridad... Aún no puedo asimilar que ella ya no esté. Solo sé que tengo unas ganas enormes de llorar, pero... no puedo. *(Pausa.)* Y lo peor es que no sé si la quiero más que nunca por confiarme lo que más deseaba o...

ANDRÉS   ¿O qué?

JOSE   O... No puedo evitar pensar en cómo ha podido hacerme esto. *(Pausa.)* Porque yo no quiero, no puedo... No estoy preparado para hacerme cargo de un niño.

JUAN   Nunca se está preparado para eso. Por muchas ganas que tengas o por muy listo que pienses que estás.

ÁNGEL   Ese niño ha perdido a su madre, pero piensa que aún tiene un padre que seguro lo va a proteger, cuidar y darle la vida que a Luna le hubiera gustado que tuviera.

ANDRÉS   Y yo estaré a tu lado... Quiero decir, estaremos a tu lado en todo momento.

(JOSE *les da la espalda y se dirige al dormitorio.*)

JUAN   ¡Espera! ¿Sabes por qué quise venir aquí después de mi divorcio? Estaba tan perdido, tenía tanto miedo a mi futuro y a mi presente... Que necesitaba volver al único sitio donde siempre me sentí seguro. Necesitaba recuperar a mis amigos.

ÁNGEL   ¡Y yo! A los mejores amigos que he tenido, y con los que comparo a todos los que han venido después. Pero desgraciadamente ninguno consigue estar a la altura. (*A* ANDRÉS.) Salvo contadas excepciones. (*A* JOSE.) Así que cuenta con nosotros...

JOSE   ¿Para? Si ni siquiera he decidido si voy a co-
       nocer a ese niño o ser parte de su vida... ¿De
       qué estáis hablando? ¡Si hace trece años que
       no nos vemos! ¡Pero qué… coño estáis di-
       ciendo? (*Estalla. Va directo a* JUAN *y literalmen-
       te le arranca el jersey que lleva puesto.*) ¡Dame
       eso, joder!

JUAN   ¿Qué haces, pirado?

JOSE   ¿Podéis dejar de tocar mis puñeteras cosas de
       una vez?, ¿de coger mi ropa? De comportaros
       como si estuvierais de campamento o en vues-
       tra maldita casa. No lo es. ¡Es mi casa! ¿Po-
       déis dejar de meteros en mi puta vida?

       (*Sale, hecho una furia, dejándolos devastados.*)

JUAN   ¡Este tío es imbécil!

ÁNGEL No, Juan. Tiene razón. Puede que en algunos
       momentos reconozcamos a quienes fuimos
       pero ya no nos conocemos. Tenemos casi cua-
       renta años. Supuestamente con el aprendizaje
       de la experiencia y sabiduría que te da el paso
       del tiempo y, míranos…, seguimos igual de jo-
       didos y desencantados que cuando teníamos
       veinte.

       Oscuro.

Acto V
Julio

> *Se ilumina el salón del apartamento y aparece* JUAN *con una maleta. Se detiene a mirar un retrato que hay en un mueble en cuya imagen aparecen* JOSE, JUAN, CARLOS *y* ÁNGEL *muy jóvenes. En ese momento entra* ÁNGEL.

ÁNGEL   ¿Pensabas irte sin despedirte?

JUAN   Por favor, por una vez en tu vida no seas bocazas y no digas nada, que estoy a punto de empezar a llorar.

ÁNGEL   Espera al menos unos minutos. Están a punto de venir.

JUAN   No. Prefiero marcharme ahora. Ya sabes que las despedidas nunca han sido mi fuerte.

     (JUAN *se dispone a marcharse cuando entran* JOSE *y* ANDRÉS *con un carrito de bebé por la puerta principal.*)

JOSE   ¿Pero y esas maletas? No me digas que te marchas sin despedirte de nosotros.

JUAN   (*Se acerca al carrito.*) Eso quería, pero... No sé si voy a poder resistirme a esta cosita. ¡Si es que es un muñeco!

ÁNGEL   ¿A que sí?

JOSE   Va a echar de menos a su tío Juan.

JUAN   Y yo a él.

JOSE   Juan...

JUAN   No empecéis, por favor.

JOSE   Solo quería decirte que... Ese jersey es mío.

JUAN   ¿Te importa que te lo envíe desde Edimburgo?

JOSE   (*Sonríe.*) Prefiero que me lo traigas tú mismo.

   (JOSE y JUAN *se abrazan.* JUAN *vuelve a coger la maleta.*)

ANDRÉS   ¿Donde vas tan rápido? Si tu avión no sale hasta dentro de cuatro horas.

JUAN   Así empezáis antes a transformar mi habitación en la del bebé.

JOSE   Ahora vamos a empezar a montar la cuna. Podrías echarnos una mano.

JUAN   No os hago ninguna falta. Sois los mejores padres gays que he conocido. De hecho, sois los únicos que conozco. (*Pausa.*) Seguro que montar la cama se os va a dar igual de bien que todo lo demás.

JOSE   Gracias.

JUAN   Me alegro de que, por fin, hayas encontrado a alguien que merece realmente la pena.

JOSE   Yo le he dicho que lo piense bien. Que es demasiado joven para empezar una relación con un hombre con un hijo...

ANDRÉS   Y yo le digo que nunca he tenido nada más claro en toda mi vida.

JOSE   Tanto tiempo buscando el amor y resulta que lo tenía en la habitación de al lado.

ÁNGEL   Ay, y tú querías que lo echara la primera noche.

JUAN   Habéis formado una de las familias más bonitas que he visto en mi vida. (JOSE y ANDRÉS *se besan.*) Bueno, tengo que coger un avión. Que aún me queda un largo viaje y todo lo que me espera al llegar allí. Mudanza, piso nuevo... Qué raro se me va a hacer no veros todos los días.

ÁNGEL   Y a mí... Aunque... reconozco que me apetece mudarme ya a mi casa. Os voy a extrañar. Pero, en cierto modo, me alegro. Necesito un poco de tranquilidad para poder escribir y aquí es bastante complicado. Y más ahora, con el bebé llorón.

JOSE   ¿Has vuelto a escribir?

JUAN   No nos habías dicho nada.

ÁNGEL   He vuelto a coger el ordenador por las noches. A ver si sale algo de provecho.

ANDRÉS   ¿Y sobre qué trata la obra?

ÁNGEL   Pues tenía una historia sobre un grupo de amigos que se reencuentran después de años sin verse y se quedan atrapados en casa de uno de ellos por la Covid.

JUAN   Muy original.

JOSE   Sí, en tu línea.

ÁNGEL   Pero un amigo me hizo ver que, a lo mejor, puedo utilizar mi trabajo para denunciar ciertas cosas que no deberían ocurrir. Así que... la historia de los cuatro amigos tendrá que esperar un poco más. (*A* JUAN.). Además, ¿qué pensaría el público? ¿Otra historia de cuatro amigos? ¿¡Es que este tío no sabe escribir otra cosa!? Venga, que te llevo al aeropuerto.

JUAN   No, tío. La verdad es que he quedado con alguien que me va a llevar...

ÁNGEL   ¿Con quién?

JUAN   Es una chica con la que he estado hablando por la aplicación esa. Es... bastante famosilla.

ANDRÉS   ¿Cómo se llama?

JUAN   Leticia.

ÁNGEL   ¡¿La reina!?

JUAN   No, hombre. Además, está casada. Yo eso lo respeto mucho.

JOSE   ¡¿Sabater?!

ÁNGEL   ¡¿Has quedado con Leticia Sabater!?

ANDRÉS   ¿La de la Salchipapa?

JUAN   Pues tenéis que saber que debajo de toda esa capa de maquillaje y purpurina se esconde una mujer... Con grandes valores y un gran corazón. Y tiene unos abdominales increíbles...

(ÁNGEL *parece ir a explicarle que son falsos, pero* JOSE *le hace un gesto de «Mejor déjalo estar».*)

JOSE   Bajamos contigo.

ÁNGEL   ¡Y yo!

JUAN   ¡No!

JOSE   A ver, que nosotros bajamos porque hemos comprado cosas para el bebé que están en el coche.

JUAN   Gracias. No sé como habría sobrevivido al divorcio si no fuera por vosotros.

ÁNGEL   Yo no sé como habríamos sobrevivido los unos sin los otros. Estos meses han servido para darme cuenta de que os quiero más que... a mi propia familia.

JOSE   Pero si tú odias a tu familia.

ÁNGEL   Por eso. (*Pausa.*) Os tengo a vosotros, que sois mi familia.

ANDRÉS   Y tú eres la nuestra.

JUAN   Si esto fuera tu obra, ahora nos abrazaríamos. Qué pasteloso eres. (*Todos se abrazan.*) No olvidéis vuestra promesa de venir a verme.

ÁNGEL   En unos meses nos tienes allí.

JUAN   Pues me marcho, que pierdo el avión.

JOSE   ¿Bajamos? Ángel, ¿te quedas un minuto cuidando del niño?

ÁNGEL   ¿Con el Baby Fever? ¿Yo solo?

JOSE   No lo llames así.

ÁNGEL   Pero... ¿y si hace sus cosas de bebé?

JOSE   Pues lo cambias.

ÁNGEL   ¡¿Qué dices?!

JOSE   No va a hacer nada. Acaba de quedarse dormido.

ÁNGEL   Pero y si...

JOSE   Venga, que es un niño, no un león.

ÁNGEL   Creo que me sentiría más seguro con el león. (*Todos se van y* ÁNGEL *se queda solo con el carrito del bebé.*) Anda, que menudos padres te han tocado. Menos mal que tienes a tu tío Ángel. Tu tío Juan... Tampoco está mal, pero ¿te cuento un secreto? Yo soy el más guay. Y si no, al tiempo... Ya verás cuando dentro de unos años te enfades con tus padres y vengas a mí a contármelo. O cuando tengas tus escapadas de adolescente y necesites a alguien que te cubra. Cuando necesites una casa chula para hacer tus fiestas... Y cuando metas la pata, pero no te preocupes por eso. Eso solo te hará aprender y crecer como persona. Cuando te enamores... Cuando te enamores tanto que duela. Hasta cuando se te rompa el corazón y sientas que nadie en el mundo puede entender por lo que estás pasando. Ten siempre cerca a tus amigos, Carlos. Y te lo digo por experiencia...Verás que, a lo largo del camino, habrá personas que se irán, otras que entrarán y saldrán de tu vida de forma intermitente, y solo unas pocas estarán ahí para siempre. Pero todas ellas serán imprescindibles para escribir el libro de tu vida. Así que... cuídalas. No dejes que pase un solo día en el que les digas cuanto significan para ti, y si alguna vez te pierdes y no sabes qué o como decírselo, solo míralos a los ojos. Busca en su corazón, porque es en ese lugar... Donde nacen las palabras.

Fin.

Esta primera edición de *donde nacen las palabras*,
de Ángel Caballero, terminó de imprimirse
en enero de dos mil veinticinco,
en Madrid.